CADA PIEZA EN SU LUGAR

Un estudio bíblico sobre la santidad

POR

Louie E. Bustle y Ted Hughes

TITULO ORIGINAL EN INGLES:
Putting the Pieces Together
By Louie E. Bustle and Ted Hughes
Copyight © 2008
Published by Beacon Hill Press of Kansas City
A division of Nazarene Publishing House
Kansas City, Missouri 64109 USA

This edition published by arrangement
with Nazarene Publishing House
All Rights reserved.

Publicado en español con permiso de
Nazarene Publishing House
Copyright © 2009
Todos los derechos reservados.

ISBN: 978-1-56344-481-4

Traductor: Daniel Pesado
Edición y corrección: Luis Manoukian
Diseño interior y arte de tapa: Oscar Vena

Si no se indica de otra manera, todas las citas bíblicas provienen de la Santa Biblia, Nueva Versión Internacional (NVI). Derechos reservados, 1973, 1978, 1984 por la Sociedad Bíblica Internacional. Usado con permiso por Zondervan Publishing House. Todos los derechos reservados.

Pasajes marcados con RV-60 son de la versión Reina Valera, 1960.

Queda prohibida la reproducción total o parcial de este libro, en cualquiera de sus formas, sin previa autorización por escrito.

Contenido

Prefacio	7
Introducción	9
Enseñanza wesleyana sobre la entera santificación	13
Elementos esenciales de la teología wesleyana	15

Santidad en el Antiguo Testamento — 17

1. El propósito de Dios desde el principio (Génesis 1:27) — 19
2. Irreprochabilidad (Génesis 6:9) — 20
3. ¿Perfecto o irreprochable? (Génesis 6:9) — 21
4. La expectativa del pueblo de Dios (Génesis 17:1) — 22
5. Las promesas de Dios son condicionales (Éxodo 19:5, 6) — 24
6. Las bases de nuestra relación con Dios (Éxodo 22:31) — 25
7. El sábado santo (Éxodo 31:13) — 26
8. El sello del reino de Dios (Éxodo 39:30) — 28
9. Puro e impuro (Levítico 10:10) — 31
10. ¿Por qué ser santo? (Levítico 11:44-45) — 32
11. Consagrado y santificado (Levítico 11:14a; 20:8b) — 33
12. El amor en el centro (Deuteronomio 6:5) — 35
13. Un asunto del corazón (Deuteronomio 30:6) — 36
14. La consagración nos lleva a una vida asombrosa (Josué 3:5) — 37
15. Dios no tolerará pecado (Josué 7:13) — 38

16. Compromiso completo (1 Reyes 8:61) — 39
17. Se debe mantener la consagración (1 Reyes 11:4) — 41
18. La hermosura de la santidad (1 Crónicas 16:29) — 42
19. Quitar la impureza (2 Crónicas 29:5) — 43
20. El requisito para entrar a la presencia de Dios (Salmos 24:3-4) — 44
21. Purificación (Salmos 51:2-3) — 46
22. La naturaleza pecaminosa: ¿Cómo la obtuvimos? (Salmos 51:5) — 47
23. ¡Qué contraste! (Isaías 6:5) — 48
24. La solución (Isaías 6:6-7) — 49
25. El camino de santidad (Isaías 35:8) — 51
26. El pueblo santo de Dios (Isaías 62:12) — 52
27. Un nuevo pacto (Jeremías 31:33) — 53
28. Un anticipo del Pentecostés (Ezequiel 36:25-27) — 54
29. Llenos del Espíritu (Joel 2:28-29) — 55
30. La pureza prometida (Malaquías 3:2-3) — 57

Santidad en el Nuevo Testamento — 59

31. Bautismo con Espíritu Santo y fuego (Mateo 3:11-12) — 60
32. Preludio a la llenura con el Espíritu Santo (Mateo 5:6) — 61
33. ¿Quién verá a Dios? (Mateo 5:8) — 62
34. Perfección cristiana (Mateo 5:48) — 63
35. Una oración por santidad (Mateo 6:10) — 64
36. Santidad simplificada (Marcos 12:30) — 66
37. Dios nos capacita con poder (Lucas 1:74-75) — 67
38. El mejor regalo (Lucas 11:13) — 69
39. ¿Mejor sin Jesús? (Juan 16:7) — 70
40. Cuando Jesús oró por mí (Juan 17:15-19) — 71
41. La promesa de poder (Hechos 1:8) — 73
42. ¡Finalmente sucedió! (Hechos 2:1-4) — 74

43. Pentecostés: No fue un evento improvisado (Hechos 2:16-18)	75
44. La repetición del Pentecostés (Hechos 4:31)	76
45. Un instrumento escogido (Hechos 9:15-17)	78
46. El Pentecostés gentil (Hechos 10:44-45)	79
47. Empieza la oposición (Hechos 11:15-17)	80
48. Un error corregido (Hechos 18:24-26)	82
49. Un descubrimiento importante (Hechos 19:1-2, 6)	83
50. La heredad del santificado (Hechos 20:32)	85
51. Circuncisión del corazón (Romanos 2:28-29)	86
52. Libres de pecado (Romanos 6:18)	87
53. Esclavitud gloriosa (Romanos 6:15-18)	89
54. Dos maneras de pensar (Romanos 8:5-8)	90
55. Hostilidad hacia Dios (Romanos 8:7-8)	91
56. Consagración (Romanos 12:1-2)	93
57. Santidad: La norma para el pueblo de Dios (Romanos 15:15-16)	94
58. La garantía (2 Corintios 1:21-22)	96
59. Separación del mundo (del pecado) (2 Corintios 6:17-18)	97
60. Purifiquémonos (2 Corintios 7:1)	98
61. Crucificados con Cristo (Gálatas 2.20)	99
62. La crucifixión de la naturaleza pecaminosa (Gálatas 5:24-26)	101
63. La elección original de Dios para nosotros (Efesios 1:4)	102
64. Toda la llenura de Dios (Efesios 3:16-19)	104
65. Creados para ser como Dios (Efesios 4:22-24)	105
66. Llenos del Espíritu Santo (Efesios 5:18)	106
67. Limpios, sin mancha o arrugas (Efesios 5:25-27)	108
68. Cristianos maduros (Filipenses 3:15-16)	109
69. El propósito de la muerte de Cristo (Colosenses 1:21-22)	110
70. Preparados para el regreso de Cristo (1 Tesalonicenses 3:13)	111

71.	La voluntad de Dios (1 Tesalonicenses 4:3-4)	113
72.	El llamado a una vida santa (1 Tesalonicense 4:7-8)	114
73.	Un trabajo minucioso (1 Tesalonicenses 5:23)	115
74.	La obra santificadora del Espíritu Santo (2 Tesalonicenses 2:13)	116
75.	Útil para el servicio (2 Timoteo 2:20-21)	118
76.	Cómo vivir en el tiempo presente (Tito 2:11-14)	120
77.	Dos pasos hacia la santidad (Tito 3:4-6)	121
78.	El descanso para el pueblo de Dios (Hebreos 4:9-11)	123
79.	Hacia la madurez (Hebreos 6:1-3)	125
80.	Salvación completa (Hebreos 7:25)	126
81.	El ser hecho santo (Hebreos 10:14)	127
82.	El propósito de la disciplina de Dios (Hebreos 12:10-11)	128
83.	El requisito final (Hebreos 12:14)	130
84.	El objetivo de la muerte de Cristo (Hebreos 13:12)	131
85.	La verdadera religión: Compasivo y sin contaminación (Santiago 1:27)	132
86.	Inconstantes (Santiago 4:7-8)	134
87.	La razón del todo (1 Pedro 1:15-16)	135
88.	Participación en la naturaleza divina (2 Pedro 1:3-4)	137
89.	Haga todo el esfuerzo posible (2 Pedro 3:14)	138
90.	Limpieza por medio de la sangre (1 Juan 1:7)	140
91.	Perdón y purificación (1 Juan 1:9)	141
92.	Pureza como la de Cristo (1 Juan 3:2-3)	143
93.	La destrucción de las obras del diablo (Apocalipsis 21:27)	144
94.	Lo que faltará en el cielo (Apocalipsis 22:11)	146
95.	La eternidad: Una continuación de la vida	147

Epílogo	149

Prefacio

La Biblia es un libro de santidad. Trata, en primer lugar, de un Dios santo que quiere tener comunión con gente santa y relata la historia de todo lo que Él hizo para que ese propósito se haga realidad. La santidad es su esencia, y todas las doctrinas hallan su significado en relación a este tema central.

El propósito de esta obra es ayudarle a poner todas las piezas del rompecabezas juntas, ayudarle a ver todo el panorama de la provisión de Dios para vivir una vida cristiana victoriosa en este mundo caracterizado por su posmodernidad.

En estas 92 breves lecturas devocionales sobre santidad –que recorren la Palabra de Dios desde Génesis hasta Apocalipsis- usted comprenderá que el estilo de vida llamado santidad se halla disponible para nosotros aquí y ahora.

Hay muchos principios guías. Primero, entender que la doctrina de la santidad es clave para comprender el resto de las Escrituras. Segundo, la experiencia de la santidad es para cada creyente. Tercero, la santidad no es simplemente una doctrina entre muchas otras; es el principio unificador de todas las doctrinas.

Los autores oran para que usted no sólo considere estas verdades desde el punto de vista intelectual, sino que también se sienta desafiado a buscar la experiencia de total consagración a Dios y la llenura de su Espíritu Santo.

Introducción

El tema general de la santidad se enseña en la Biblia de diferentes maneras.
- Empieza en la historia de la creación, en Génesis.
- Se encuentra en la ley de Moisés.
- Está simbolizada en Levítico.
- Está ilustrada en la historia de Israel.
- Está hermoseada en los libros poéticos.
- Está diagramada en los diseños de la arquitectura del tabernáculo y del templo.
- Está expresada en la proclamación de los profetas.
- Está revelada en forma práctica en las enseñanzas de Jesús.
- Está explicada por completo en las cartas de Pablo y otros autores del Nuevo Testamento.

LA CENTRALIDAD DE LA SANTIDAD

Estas diferentes maneras de enseñar sobre la santidad son todas partes de la misma historia. Para entender toda la historia, necesitamos dar una breve mirada al amplio panorama de estos versículos bíblicos y su significado para demostrar cómo el hilo de la santidad recorre toda la Biblia. Se espera que el efecto cumulativo de tantos versículos nos haga conscientes sobre la centralidad de la santidad.

Este no es un intento de organizarlos de manera sistemática. Los versículos se presentan simplemente en el orden en que aparecen en la Biblia. Un estudio del versículo y una aplicación práctica le ayudarán a personalizar estas grandes verdades.

LAS PIEZAS DEL ROMPECABEZAS

El método de este estudio de santidad es similar al proceso de armar las piezas de un rompecabezas. Abre la caja y esparce las piezas. Este montón de piezas separadas y desordenadas no poseen ningún atractivo. Pero entonces, toma una pieza e intenta descifrar dónde ubicarla para formar la imagen total. Después de intentar la ubicación correcta por un tiempo, comienzan a aparecer ciertos atisbos de imágenes, aún desconectadas. Pero, cuando la última pieza se coloca en su lugar correcto, una imagen de belleza impresionante toma forma delante de nuestros ojos. Ninguna de las piezas en forma separada podría hacer evidente la grandeza de la imagen, sólo será posible cuando cada pieza ocupe su lugar y, de esa manera, entre en perfecta relación con el resto de ellas.

EL PANORAMA COMPLETO

La doctrina de santidad es similar a un rompecabezas. Son muchas las piezas o aspectos a considerar. Una pieza aislada no podrá revelar la gloria de la imagen completa. La hermosura se revela cuando todas están juntas y en su lugar. De igual manera, este libro, comienza tomando diferentes piezas, o conceptos en versículos bíblicos, uno a la vez y los relaciona entre sí. Usted verá, mientras lo hacemos, como gradualmente las piezas desordenadas empezarán a tomar forma hasta que un hermoso rompecabezas se completa.

Dios es el artista. Él completó la obra maestra pieza por pieza –a través de la historia. Recuerde, cada pieza es importante, pero sólo es una pieza que debe ser vista en relación al panorama completo donde la verdadera hermosura puede en verdad ser apreciada. Es por eso que este libro se titula: Cada pieza en su lugar.

Ahora le invitamos a descubrir los tesoros de las Sagradas Escrituras y distribuir los versículos y lecturas como si fueran las piezas de un rompecabezas. Mientras medite en las palabras de este libro, en su intimidad con el Señor, las piezas irán dando forma a un hermoso retrato de su gracia y poder.

Disfrute de este tiempo de descubrimientos y bendiciones mientras las aplica en su vida en forma práctica.

Louie E. Bustle y Ted Hughes

Enseñanza wesleyana sobre la entera santificación

Después de un minucioso estudio de las Escrituras y de la experiencia humana, Juan Wesley concluyó que la salvación en sí comprende dos pasos mediante los cuales Dios interviene y realiza su obra de gracia en el corazón humano. El primero es la regeneración (el nuevo nacimiento), justificación (la correcta relación con la ley de Dios) y la adopción en la familia de Dios. Todos estos ocurren simultáneamente y tratan con el perdón de pecados cometidos y la culpa que resulta de ese pecado.

La segunda obra es la entera santificación, que trata con la naturaleza pecaminosa (pecado original o heredado) y requiere la limpieza del Espíritu Santo. Esto es lo que los discípulos experimentaron cuando fueron bautizados con Espíritu Santo y fuego el día de Pentecostés (véase Hechos 15:9).

LLENOS CON EL ESPÍRITU

La experiencia de limpieza está disponible por medio de la fe para todos los creyentes nacidos de nuevo y que realizan una consagración completa de su vida a Dios. Simultáneamente, el Espíritu Santo "llena" a los creyentes por completo y en gran manera. Al morar en el creyente, su presencia capacita y da poder a la persona para que viva una vida plena, victoriosa y de servicio a Dios.

Wesley también hizo una clara distinción entre pureza de corazón y madurez cristiana. La primera es obra del Espíritu Santo y ocurre en un momento. La segunda, es un proceso de crecimiento que se desarrolla a través de toda la vida. Desarrollamos un carácter como el de Cristo por medio de la disciplina y el aprendizaje.

MUCHOS NOMBRES, UNA MISMA OBRA

La obra purificadora de la gracia de Dios se conoce también con otros nombres, como:

* Entera santificación
* Perfección cristiana
* Amor perfecto
* Pureza de corazón
* Bautismo del Espíritu Santo
* Segunda obra de gracia
* Segunda bendición
* Santidad cristiana
* Salvación completa
* Llenura del Espíritu

Como creyente, cualquiera sea el nombre que usted use, la obra es la misma. En respuesta a las oraciones, y a través de la fe en la prometida provisión de Dios, Él limpia su corazón de la naturaleza carnal que se revela en contra de su voluntad. La obra santificadora de Cristo se realiza cuando usted consagra su vida; así es completamente lleno del Espíritu Santo, dando como resultado un amor perfecto que le capacita para vivir una vida de amorosa obediencia. Como un beneficio adicional y glorioso, el Espíritu Santo le da la convicción personal de que esta obra de gracia se realizó en su corazón.

Para el apóstol Pablo, todos los cristianos están llamados a alcanzar la meta de Dios para sus vidas, en Cristo y a través del Espíritu Santo. En otras palabras, Dios invita a todos para que lleguen a ser parte de su pueblo santo. Y esta invitación es para ahora y no sólo en el futuro.

Aspectos esenciales de la teología wesleyana

Las creencias están sujetas a las variadas interpretaciones del ser humano. El énfasis en la santidad se predicó con poder durante el siglo dieciocho, pero la proclamación de esa misma doctrina estuvo sujeta a una variedad de interpretaciones. Pero lo esencial es comprender que el propósito y plan de Dios, de formar un pueblo santo, trasciende todas las generaciones y variaciones de interpretación realizadas por el hombre.

Brevemente nos enfocaremos en algunos puntos esenciales de la teología wesleyana.

La entera santificación es una segunda obra de gracia. Ocurre después que la persona ha nacido de nuevo, y ese nuevo nacimiento es un paso necesario en la preparación para la entera santificación. No se puede consagrar a Dios una vida o naturaleza pecaminosa.

La entera santificación se recibe instantáneamente. Existe un proceso anterior, que nos lleva a la experiencia, y uno posterior que le sigue. Pero cuando el Espíritu Santo hace la obra de limpieza –puesto que es una experiencia de fe– ocurre en un momento.

La entera santificación trata con el problema de la naturaleza pecaminosa. En esta obra nos purificamos de la naturaleza pecaminosa que se manifiesta como inclinación hacia el pecado, un falso sentido de soberanía personal y egocentrismo.

La entera santificación puede obtenerse en esta vida. Y, debido a que la Biblia enseña con claridad la santificación, todas las teologías deben, por necesidad, encontrar un lugar donde incluirla. Algunas escuelas de pensamiento la colocan en el momento de la muerte, otras entre la muerte y el cielo, y en otras circunstancias. La Biblia enseña que es la gracia de la santificación la que nos prepara para vivir vidas victoriosas en este mundo y, a la vez, nos prepara para el mundo venidero.

La entera santificación y el bautismo del Espíritu Santo son simultáneos. Esta es la experiencia que los discípulos tuvieron en el día de Pentecostés cuando sus corazones fueron "purificados por fe".[1]

La santidad es un mandato. No es una gracia opcional. Es la única manera posible de agradar a Dios (véase Hebreos 12:14).

La santidad es la voluntad de Dios para nuestra vida. Él quiere santificarnos, y, por lo tanto, responderá a todo aquel que con sinceridad busque esta gracia y pague el costo de una completa consagración a Él (véase 1 Tesalonicenses 4:3).

Un corazón santo es el requisito para entrar al cielo. Tampoco esto es opcional. La única "excepción", sólo entrarán al cielo, todos aquellos que se hayan convertido genuinamente y que estén caminando siempre en toda la luz que poseen. La Biblia dice, "sin la cual (santidad) nadie verá a Dios" (Hebreos 12:14). También nos dice, "Si andamos en luz como él está en luz… la sangre de Jesucristo su Hijo nos limpia de todo pecado" (1 Juan 1:7, RV-60). El mandato de ser santos debe ser entendido en relación a "el caminar en la luz". Aún después de ser limpios debemos continuar caminando en la luz para mantener una vida santa.

---

[1] La estructura para estos primeros puntos se tomó del Stephen S. White, Five Cardinal Elementes in the Doctrine of Entire Santification (Kansas City: Beacon Hill Press, 1948).

Santidad en el Antiguo Testamento

Muchas de las enseñanzas sobre la santidad en el Antiguo Testamento están en forma de ceremonias y rituales que eran tipos de la realidad venidera. Por ejemplo, la limpieza era solamente ceremonial e ilustraba el futuro ministerio del Espíritu Santo. La enseñanza de Cristo y la experiencia de los apóstoles en Pentecostés amplifican y dan mayor nitidez a las imágenes incompletas del Antiguo Testamento. Los escritos apostólicos dieron una idea más profunda respecto de aquellos misterios.

Es posible aprender mucho sobre la santidad requerida por Dios de las normas de adoración incluidas en Levítico. Aunque mucho de ello tenía que ver con ceremonias y rituales, eran lecciones simples que contenían verdades muy importantes. Algunas de esas verdades se relacionaban con la consagración, cuidado de los objetos y utensilios para la adoración en el Templo. Estas normas definían los objetos como santos o profanos, limpios o inmundos. Estos mismos conceptos se aplicarían más adelante en el Nuevo Testamento a las personas.

Por ejemplo, un objeto para que se lo considerara digno para el uso en la adoración, debía separarse del uso común y apartarse por completo para el uso sagrado. Se debía lavar y, luego, mantener limpio y sin mancha. Y si por alguna razón se contaminaba, se requería un ritual bastante elaborado para limpiarlo antes de poder volverlo a usar. Esto es tipo primitivo y anticipatorio de la consagración total y limpieza en el Nuevo Testamento.

Algunas de estas enseñanzas eran proféticas. Profetas como Jeremías, Ezequiel, y Joel fueron capaces de discernir estas verdades siglos antes de que estos eventos ocurrieran.

La Ley contiene mucho sobre santidad. Sin embargo, es necesario recordar que son muchas las categorías de la Ley, de acuerdo a los diferentes propósitos, y no todos poseen el mismo valor. Por ejemplo, ciertas leyes ceremoniales sólo tenían un simple valor temporal. Más tarde Jesús las cumpliría y luego las invalidaría. Había leyes civiles que gobernaban las funciones políticas de la nación en aquel tiempo. La Ley incluso contenía instrucciones concernientes a la salud e higiene de un pueblo nómada con necesidades especiales típicas del estilo de vida en el desierto. No contaban con refrigeración y sabían muy poco sobre la manera correcta de cocer los alimentos y, debido a esto, de los peligros y daños que ciertos alimentos podrían causarles. Luego estaba la ley moral según se hallan en los Diez Mandamientos. La ley moral trata con principios absolutos que no cambian ni pasan de moda. Las enseñanzas específicas sobre santidad se hallan en esta categoría.

Todas las enseñanzas del Antiguo Testamento sobre santidad estaban orientadas hacia el futuro. Era todo en preparación para algo que habría de venir. Trataba solo con sombras y símbolos de una realidad que aún no estaba disponible, pero que a su tiempo se harían realidad. Era una parte muy preliminar del plan de Dios pero, aún así, brindaba esperanza respecto a la dirección y cumplimiento del mismo.

La gloria completa de la experiencia sería más adecuadamente revelada en el Nuevo Testamento, pero estaría basada en el cumplimiento de los fundamentos establecidos siglos antes en el Antiguo Testamento.

I
El propósito de Dios desde el principio

"Y Dios creó al ser humano a su imagen; lo creó a imagen de Dios. Hombre y mujer los creó" (Génesis 1:27).

Empecemos desde el principio. ¿No es interesante que, en el primer capítulo de la Biblia, Dios estableciera con claridad su diseño para la humanidad? De hecho, su plan lo determinó mucho antes de su obra creadora (véase Efesios 1:4).

Dios tiene un plan y el mismo está relacionado con su propósito para la creación de esta nueva y única criatura que llamó "hombre" y "mujer". Dios quería disfrutar del amor, comunión y servicio de otro ser libre como Él mismo.

Para eso, la única forma era que el ser credo tuviera algunas de las mismas características de Dios. Ya que Dios es una persona (divina), al ser humano se le concedió ser persona: la habilidad de pensar y razonar (intelecto), sentir (emoción), y tomar decisiones (libre albedrío). Pero esto no era suficiente porque las personas se pueden relacionar entre sí en tensión y conflicto. Dios quería estar en armonía con la gente, así que nos proveyó algo de su propia naturaleza (santa). Esto no debería extrañarnos ya que en el nivel humano el más profundo e íntimo nivel de comunión se puede alcanzar entre dos personas que poseen intereses y valores similares.

Cuando llegó el tiempo de llevar a cabo el plan divino, la Biblia lo resume diciendo que Dios "creó al hombre a su imagen". Eso quiere decir, que Él creó a los seres humanos con muchas de sus mismas características: como *persona*, para tener una posible interacción con otra persona (Dios); con un *espíritu* para facilitar la comunicación entre espíritus; *santo*, para asegurar la armonía con la santidad de Dios; y *libre*, para hacer que el amor y el servicio sean voluntarios.

¡El diseño de Dios para nosotros no puede cambiar nunca! Lo que él quiere para nosotros y de nosotros será siempre lo mismo.

Desafortunadamente, el pecado intervino y frustró el plan original, pero el maravilloso plan de redención de Dios tiene como propósito específico la restauración de los seres humanos al lugar original en el diseño de Dios.

Pregunta para reflexionar: ¿Tienes verdadero deseo de ser como Dios?

2

IRREPROCHABILIDAD

"... Noé era un varón justo y honrado entre su gente. Siempre anduvo fielmente con Dios" (Génesis 6:9).

¡Vaya desilusión que habrá experimentado Dios cuando Adán y Eva pecaron! Él había creado la raza humana con un enorme potencial. Pero sus expectativas de una relación de amor y comunión no llegaron a cumplirse. El mal uso de la libertad que Dios le dio a Adán y Eva les llevó a la desobediencia y rebelión. Para entonces, casi toda la raza humana había dado sus espaldas a Dios. El mundo entero estaba lleno de corrupción, maldad y violencia. Las cosas en la tierra iban tan mal que Dios llegó hasta el punto de arrepentirse por haber creado al ser humano, y "le dolió en el corazón" (v. 6). La única solución parecía que era eliminar la raza humana de la faz de la tierra y empezar todo de nuevo.

Sin embargo, usted habrá notado que mencioné, "casi toda la raza humana" se había volcado contra Dios. Hubo una excepción, un hombre llamado Noé, la única persona en el mundo entero de quien Dios se agradaba. Se dice de Noé que era justo y honrado, y que "anduvo con Dios". Estos comentarios parecen indicar que sólo él cumplía el propósito para el cual fue creado. Evidentemente era honrado (irreprochable) porque obedeció los mandamientos de Dios. El hecho que "anduvo con Dios" implica comunión y armonía con el Creador.

Esto era algo remarcable a la luz de la depravación moral universal de la sociedad que le rodeaba. Es una prueba positiva de que es posible vivir una vida justa y correcta aun estando sujetos a influencias muy negativas.

Noé no permitió que lo encerraran en los moldes de la maldad del mundo a su alrededor. Nunca es fácil ir contra la corriente. Demanda coraje, fuerza, y una firme resolución, pero Noé probó que era posible.

Entonces, ¡Si Noé pudo, usted puede también!

Pregunta para reflexionar: ¿En qué manera usted ha permitido que el mundo influya en sus pensamientos y acciones?

3
¿Perfecto o irreprochable?

"... Noé era un varón justo y honrado entre su gente. Siempre anduvo fielmente con Dios" (Génesis 6:9).

¿Es posible vivir una vida perfecta?

En la Biblia, versión Reina Valera 1960, hay una gran cantidad de textos en los que el término "perfecto" se halla, o bien aplicado a un ser humano viviente, o se usa como descripción o mandamiento acerca de la relación entre una persona y Dios. En reacción contra esta idea de perfección absoluta, la que pertenece únicamente a Dios, y la confusión resultante, la Biblia Nueva Versión Internacional sustituyó la palabra "perfecto" y usa, en su lugar "honrado". ¿Cuál palabra es la correcta?

Una rápida mirada al diccionario nos da la siguiente definición de *perfecto*: "Completo en todo aspecto; sin defectos; entero; puro; sin reserva o restricción"[2]. A la luz de muchos textos bíblicos, estas cualidades legítimamente se pueden aplicar a la relación que

Dios busca y espera de sus hijos. ¿No es posible agradar a Dios de tal manera que Él esté satisfecho con esa relación? ¿No es posible amarlo sin defectos o por completo? ¿No es posible consagrarnos sin reserva o sin medida? ¿No es posible que una persona y Dios entren en una relación que satisfaga a ambos? Si es una relación que corresponde a los deseos y expectativas entre ambas partes, ¿no es esta una relación perfecta?

Por otro lado, ¿Qué significa la palabra honrado o irreprochable? Reprochar a alguien es hacer una acusación contra su persona; condenar; hallar una falta. Ser honrado indica que la persona no es culpable de la acusación; no hay razón para condenarlo; no se ha encontrado falta alguna. De esta manera, gozamos una relación satisfactoria.

Ambas palabras "irreprochable" y "perfecto" debemos aceptarlas si entendemos su verdadero significado y no permitimos que ninguna de ellas diluya el tipo de relación que Dios busca con sus hijos. Él comprende que nunca podremos llegar a alcanzar la perfección absoluta pero, sin embargo, busca tener una relación de amor y devoción profunda con el hombre, íntima, que sea completa y no dé lugar a fallas concernientes a las intenciones de nuestro corazón.[3]

Pregunta para reflexionar: ¿Qué palabra describe mejor su relación con Dios?

4
La expectativa del pueblo de Dios

"Cuando Abram tenía noventa y nueve años, el SEÑOR se le apareció y le dijo: –Yo soy el Dios Todopoderoso. Vive en mi presencia y sé intachable" (Génesis 17:1).

Dios tiene grandes expectativas para su pueblo. En este caso,

---

3 Webster's New World Dictionary, 2ª ed., 1986.

el término "intachable" significa constante obediencia, no desobediencia, no pecado voluntario, no infidelidad ni excusas.

Es evidente que Dios pretende que mantengamos una correcta y continua relación con Él. Su deseo es que nos abstengamos de un amor parcial por Él, como sucedió buena parte de la historia de Israel. Dios no acepta un amor y obediencia a tiempo parcial.

No hay excusa para el pecado de desobediencia. Nadie debe pecar –nunca. Debemos renunciar al pecado habitual para justificarnos. Dios hizo las provisiones adecuadas para darnos la capacidad de poder resistir la tentación. Es verdad que proveyó perdón para un cristiano que cae en pecado en un momento de debilidad, pero esa no es la norma para la vida cristiana. La norma de Dios para sus discípulos es que andemos delante de Él y seamos intachables.

La gracia de Dios brinda la maravillosa posibilidad de mantenernos en una relación inquebrantable de amor y comunión con Él. También es posible vivir una vida de victoria sobre el pecado y libres de la condenación como consecuencia del pecado. Todos los recursos necesarios para alcanzar esa relación están a nuestro alcance.

Es poco sabio para un cristiano buscar grietas por donde pretender escapar de las leyes de Dios o conformarse con menos que la victoria que Cristo nos concedió con su muerte. Cualquier interpretación de la "salvación" que nos permita seguir en el pecado no es digna de un Dios Santo que aborrece el pecado. Todas las obras de la gracia de Dios se caracterizan por su excelencia y generosidad. Su obra redentora se completa, eficaz y gloriosa. No puede ser una medida débil, parcial o ineficaz. Es una medicina poderosa que lleva a una entrega completa.

Es una práctica peligrosa ver qué tan cerca podemos estar del pecado sin caer en él. Lo más seguro para nosotros es apartarnos tanto como sea posible para evitarlo.

Pregunta para reflexionar: ¿Existe algún pensamiento o hábito en su vida que se encuentre peligrosamente cerca de la desobediencia?

5
LAS PROMESAS DE DIOS SON CONDICIONALES

"Si ahora ustedes me son del todo obedientes, y cumplen mi pacto, serán mi propiedad exclusiva entre todas las naciones. Aunque toda la tierra me pertenece, ustedes serán para mí un reino de sacerdotes y una nación santa..." (Éxodo 19:5-6).

Una de las mejores virtudes de Dios es su fidelidad constante. ¡Nunca miente, llega siempre a tiempo, y sus promesas son siempre verdaderas! Aún así, siempre existe una condición para recibir una promesa de Dios. Recibimos buenas cosas de parte de Dios cuando cumplimos con algunas condiciones.

En este pasaje, Dios le da a Moisés un importante mensaje para los israelitas. Él tiene un plan especial para ellos. Ese plan había estado en marcha por algún tiempo, desde que Dios trajo al pueblo de Israel de Egipto. Los recuerdos de las acciones de Dios en el pasado a su favor serían una fuente de estímulo en el futuro. Dios quería hacer grandes cosas para ellos y a través de ellos.

Pero, presten atención a una pequeña palabra de gran significado en el texto: "Si ahora ustedes me son del todo obedientes, y cumplen mi pacto..." Es un ofrecimiento condicional. Obtener las bendiciones prometidas depende del "si". La frase que sigue al "si" es la condición sobre la cual descansa la promesa. Siempre las promesas de Dios son así. Siempre debemos hacer algo primero para obtener la promesa. Aquí se establecen dos condiciones: (1) completa obediencia, y (2) fidelidad al pacto. Ahora, miremos las frases principales en las bendiciones prometidas.

"Serán mi propiedad exclusiva". ¡Qué promesa maravillosa significa esta frase! De todos los pueblos del mundo, aquél que cumple las condiciones será el favorito de Dios. Será el foco de la atención especial de Dios.

"Serán para mí un reino de sacerdotes". En el Antiguo Testamento, los sacerdotes tenían acceso especial a Dios. Eran los escogidos a través de quienes Dios obraba para realizar Sus propósitos. Eran los mediadores entre Dios y la humanidad. ¡Vaya privilegio!

"Una nación santa". Desde el principio quedó claro que el pueblo de Dios, individual y colectivamente, debía ser santo. No existe sustituto para la santidad en el pueblo de Dios. Deben estar consagrados y limpios para participar de Su misión al mundo.

Pregunta para reflexionar: ¿Está usted en condiciones de recibir las promesas de Dios?

6
Las bases de nuestra relación con Dios

"Ustedes serán mi pueblo santo..." (Éxodo 22:31).

"¿Qué quiere Dios de mí?" Muchas personas se hacen esta pregunta al tratar de comprender la voluntad de Dios para sus vidas. La voluntad de Dios, de hecho, es muy simple: quiere que seamos como Él. Quiere que seamos santos.

La Biblia indica con claridad, tanto en el Antiguo como en el Nuevo Testamentos, que el deseo y mandamiento de Dios para su pueblo es que sea santo. Es evidente que la definición de "santo" en el Nuevo Testamento tiene una connotación y aplicación más profunda, pero aún su uso en el Antiguo Testamento es muy significativo. Cuando se refería a objetos, significaba que se los apartaba para usos sagrados. Se los consagraba para propósitos especiales. A través de elaborados rituales se los mantenía ceremonialmente limpios de toda contaminación. Todo lo santo eran de una categoría diferente a las cosas comunes.

Con el transcurso del tiempo, llegó a ser entendido que la palabra "santo" se aplicaba a personas. El pueblo de Dios también debía ser apartado; debían ser diferentes a los demás pueblos, debían limpiarse y mantenerse limpios.

"Santo" es la misma palabra que Dios usa en el Nuevo Testamento para describirse a sí mismo. Es el único término que describe de modo perceptible la naturaleza completa de Dios. Puesto que la misma palabra describe la naturaleza de Dios y su ideal para nosotros, es correcto entender que ser santo es, a la vez, ser divino. Aquí tenemos uno de los hechos más maravillosos de la propia revelación de Dios: Su plan es permitirnos participar de su naturaleza como base de una comunión íntima y armoniosa con Él.

Esta debería ser la meta final de nuestro esfuerzo. Es el logro más alto posible al ser humano. Esto es lo asombroso de la gracia de Dios. Una persona pecadora y depravada puede levantarse al nivel de la divinidad a través de su gracia.

Dios no esperó a la era del Nuevo Testamento para revelar su deseo para el ser humano. Lo determinó desde el mismo principio. Nada habría de sustituir la santidad. Tomó algún tiempo para que toda la provisión de esta verdad llegue a completarse, pero el deseo de Dios para nosotros siempre ha sido el mismo.

Pregunta para reflexionar: ¿Está usted perseverando en la visión de Dios o en su propia visión?

7
El sábado santo

"... Ustedes deberán observar mis sábados. En todas las generaciones venideras, el sábado será una señal entre ustedes y yo, para que sepan que yo, el SEÑOR, los he consagrado para que me sirvan" (Éxodo 31:13).

¿Qué es lo más importante en su vida? Sin saber nada sobre usted, tal vez pueda identificarlo. Es aquello a lo que le dedica mayor cantidad de tiempo y atención –es lo que usted adora.

En este pasaje, el tema es la adoración –en particular la observación del sábado. Es importante comprender que en el contexto de estos versículos, Moisés está dando instrucciones detalladas para el tabernáculo, su amoblamiento, el arca, altares, vestiduras sacerdotales y decoraciones. Era el lugar donde Dios se encontraría en una forma especial con sus adoradores. No se pretendía que fuera un museo. Todo su contenido se diseñó para la ayuda en la adoración. Entonces Dios dice, "deberán observar mis sábados". En otras palabras, el tabernáculo, con todo su contenido, sería inservible a no ser que se adorara en él. El tabernáculo era sólo el equipamiento que facilitaba la adoración, no para ser adorado en sí mismo.

Aquí, Dios separa la observación del sábado como uno de sus mandamientos más importantes. La constante adoración del pueblo de Dios es la práctica que ejercerá mayor influencia sobre las generaciones futuras. Todos los aspectos espirituales comenzarán a debilitarse y perder su sentido si se descuida el sábado.

Es a través de una correcta observación del sábado que aprendemos quién es Dios y lo que hace. Por medio de esa adoración constante se reconoce la soberanía y el señorío de Dios. Y a través de todo ello, el propósito de Dios es hacernos santos. No existe otro modo para que una persona llegue a ser santa. ¡Sólo Dios puede hacer eso! Se desperdicia mucha energía argumentando en contra de esta realidad e intentando obtenerlo por nuestras propias fuerzas. Nuevas resoluciones y esfuerzos para mejorar el comportamiento del ser humano con nuestras propias fuerzas están condenados al fracaso. Las personas han aprendido a hacer mucho por medio de la fortaleza y el conocimiento humanos, pero sólo Dios puede cambiar la naturaleza pecaminosa. Y lo hace únicamente después de ser reconocido como Señor.

Para el pueblo de Dios es de importancia extrema participar del hábito de adorarle regularmente. La observación apropiada del sábado tendrá un impacto en las futuras generaciones. En nuestros días, necesitamos desarrollar una nueva reverencia por el día especial de Dios.

Pregunta para reflexionar: ¿A qué le dedica la mayor parte del tiempo y atención en su vida?

8
El sello del reino de Dios

"La placa sagrada se hizo de oro puro, y se grabó en ella, a manera de sello, «Santo para el SEÑOR»" (Éxodo 39:30).

Cuando usted es parte de un equipo, viste el uniforme que le identifica como miembro de ese equipo. Cuando usted es el propietario de algo, por lo general pone su marca identificatoria en el objeto. Su automóvil tal vez esté registrado a su nombre. Si un libro le pertenece es probable que escriba su nombre en el interior. Si está casado, es posible que lleve puesto un anillo de matrimonio, que significa que usted pertenece a alguien. ¿Qué le sugiere pensar en el hecho de que Dios ha puesto su sello de propiedad en usted como miembro de su pueblo?

Moisés dio instrucciones detalladas para la preparación de las vestiduras que los sacerdotes usarían cuando ministraran en el tabernáculo. Una placa de oro puro con la inscripción "SANTO PARA EL SEÑOR" grabada en ella formaba parte de sus uniformes. Era como el sello o insignia de un gobierno que identificaba y daba autoridad a quien lo llevara puesto; de la misma manera que la insignia en el uniforme de un policía simboliza la autoridad de la entidad que representa. O, se puede pensar, como un sello oficial del gobierno añadido a un documento que atestigua su autenticidad. Desde toda perspectiva, es muy significativo comprender que la santidad es el concepto clave en el sello escogido para identificar los agentes del reino de Dios en la tierra. Santidad es el concepto más identificado en relación al reino de Dios.

Hasta hoy la inscripción de aquel sello aparece en los edificios de las iglesias, sellos oficiales, y membretes de las iglesias denominadas de santidad; lo cual es apropiado porque es de lo que trata el mensaje cristiano. Santidad no es un mensaje periférico. Es el tema central de la Biblia. En pocas palabras, la Biblia trata sobre un Dios santo que desea un pueblo santo y contiene todo que Él hizo para que su propósito se haga realidad. Es inconcebible poder quitar la palabra "santo" de la Biblia. Ninguna otra palabra describe la naturaleza de Dios de manera tan comprensiva. Es el deseo de Dios para los seres humanos, el requisito para entrar en su presencia, y su estándar para la conducta del ser humano.

La santidad de Dios es un concepto central en nuestra adoración. Adoramos a Dios porque es Santo. Nuestra música y alabanza le atribuye santidad. Cantamos con el corazón, "¡Santidad al Señor, ahora y por los siglos!" Un espíritu de reverencia nos invade cuando cantamos, "¡Santo, Santo, Santo!"

La inscripción en el sello del reino de Dios es muy significativa porque establece la santidad como el concepto central sobre el que se establece el reino de Dios. No es una exageración decir que la Biblia es, en resumen, un libro sobre la santidad. Todo en la Biblia está en alguna manera relacionado con la santidad. Esto es especialmente verdad en las doctrinas basadas en la Biblia. Usted puede empezar a exponer cualquier doctrina bíblica y al final lo llevará a la santidad. Esto es porque en última instancia todas las doctrinas están relacionadas con la santidad, pues surgen de la naturaleza misma de Dios. Esto se puede ilustrar con una rueda de carreta en la que el radio representa diferentes doctrinas, pero que están todas unidas en el núcleo de esa rueda, el cual es la santidad, como se puede ver en el siguiente diagrama.

CICLO DE LA PREDICACIÓN

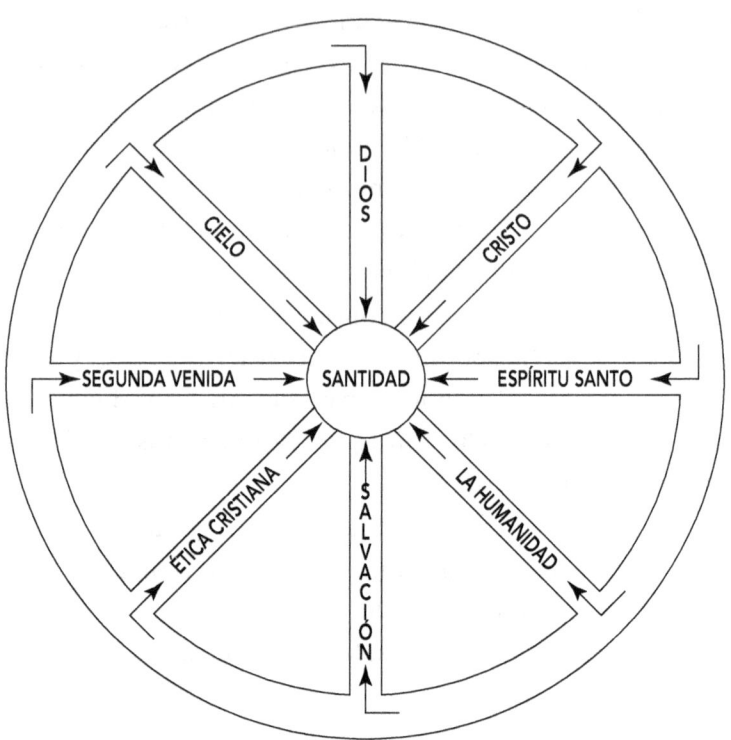

Ejemplos

Dios: es santo, y quiere que nosotros seamos santos.

Cristo: sufrió para hacer a la iglesia santa.

El Espíritu Santo: Su bautismo es el bautismo de fuego purificador.

La humanidad: Nuestra mayor necesidad es ser restaurados a santidad.

La salvación: Sólo es completa cuando se limpia la naturaleza pecaminosa.

La ética cristiana: El estándar bíblico es que vivamos una vida santa.

La Segunda Venida: La única forma de estar preparados es viviendo una vida divina.

El cielo: Nada impuro entrará jamás allí.

Pregunta para reflexionar: ¿Está inscrita la palabra "santo" en su corazón?

9
Puro e impuro

"Para que puedan distinguir entre lo santo y lo profano, lo puro y lo impuro" (Levítico 10:10).

Dios tenía un dilema. Él quería revelar su plan de salvación a un pueblo pecaminoso, pero no sería fácil porque debía penetrar en mentes que estaban adormecidas y oscurecidas por los efectos del pecado. Sería como tratar de enseñar cálculos avanzados a niños de jardín de infantes. Tomaría mucho tiempo y tendría que empezar en un nivel de entendimiento muy bajo. Más o menos como maestros de escuela, Dios tendría que recurrir a simples lecciones prácticas para acomodarse a las limitaciones de sus estudiantes.

Esto es lo que hallamos en el libro de Levítico. Dios instituyó un sistema de símbolos, formas, y ayudas visuales para socorrer a la humanidad a entender su lamentable condición y la necesidad de cambiar.

Ahora, ¿dónde comenzó Dios? En el nivel más simple, por supuesto: Mostrando a los seres humanos que existe una diferencia entre lo que es puro y lo que no lo es. ¡Mucho de lo que necesitamos comprender en relación a la santidad depende de nuestra capacidad de distinguir entre los dos!

El pecado se presenta en la Biblia como contaminación. Los seres humanos no fueron creados con esa condición, pero cuando el pecado entró en la raza contaminó la esencia de su naturaleza. Algo hermoso se perdió: la inocencia, pureza, limpieza; en otras palabras, la santidad. Sin embargo, el plan de Dios era abrir la puerta para recuperar lo que se había perdido. El primer paso para lograr este objetivo fue crear conciencia de todo lo perdido en el pueblo. Implicaba ver al pecado como una impureza en contraste con la santidad de Dios. El reconocimiento de nuestra impureza nos llevaría a ser conscientes de nuestra necesidad de limpieza. Una vez entendido el problema, sería un incentivo hallar una solución. Es mucho mejor estar limpio que estar contaminado. Debemos agradecer a Dios por haber provisto una solución completa para la polución que causó el pecado.

Piénselo. Si Dios no hubiera tomado medidas extremas para enseñarnos las divergencias entre puro e impuro, nunca hubiéramos comprendido la diferencia.

Pregunta para reflexionar: ¿Está usted consciente de algunas áreas en su vida que necesitan limpieza?

10
¿Por qué ser santo?

"Yo soy el SEÑOR su Dios, así que santifíquense y manténganse santos, porque yo soy santo. No se hagan impuros...Yo soy el SEÑOR, que los sacó de la tierra de Egipto, para ser su Dios. Sean, pues, santos, porque yo soy santo" (Levítico 11:44-45).

Cuando Dios da un mandamiento, lo hace con una razón. No servimos a un Dios arbitrario y caprichoso que nos demanda cosas sin ninguna razón. Más bien, tenemos un Padre Celestial que nos ama y está ansioso por bendecirnos. Esta es la razón por la que Dios nos manda ser santos –¡porque nos ama!

Se han presentado muchos conceptos falsos respecto al mandamiento divino a ser santos. Algunos ven a Dios como un tirano que quiere esclavizarnos obligándonos a obedecer a un montón de normas arbitrarias. Otros ven la santidad como un castigo que nos priva de toda "diversión" en la vida. Pero Dios aquí deja en claro que su mandamiento es simplemente para que seamos como Él. ¿Por qué quiere Dios eso? ¡Porque busca lograr una comunión íntima con nosotros! Esto ocurre únicamente donde se poseen los mismos pensamientos, valores, espíritu y naturaleza. Donde estos son antagónicos, la unidad y la armonía se destruyen y la comunión íntima es imposible.

Este deseo de parte de Dios lo genera su amor por nosotros. Quiere bendecirnos, y siempre sabe lo que nos conviene. Él nunca nos privará de algo que a la larga sería bueno para nuestra vida. Siempre actúa a nuestro favor, nunca en contra nuestra. Quiere que le conozcamos en toda la hermosura y esplendor de su santidad. El mayor regalo que nos puede dar es parte de su misma naturaleza. ¡Qué amor tan maravilloso!

Normalmente pensamos de ese amor como el estándar de la experiencia cristiana del Nuevo Testamento, pero esa fue la meta desde el principio. Es verdad que pasaron muchas sucesos desde que Moisés lo dijo hasta el tiempo en que Pedro lo reiteró (véase 1 Pedro 1:15). Pero, la meta permanente de Dios, de que llegáramos a parecernos a Él, se desarrolló y se hizo más clara al auto revelar su perfección en la persona de su Hijo.

Pregunta para reflexionar: ¿Cómo ve usted los mandamientos de Dios –como normas a obedecer o como un sendero que lo guía a la vida?

II

Consagrado y santificado

"... *Santifíquense [conságrense] y manténganse santos, porque yo soy santo...*" (Levítico 11:44).
"... *Yo soy el SEÑOR, que los santifica*" (Levítico 20:8).

En el proceso de ser santo, hay algo que usted debe hacer y algo más que sólo Dios puede hacer. Lo primero se llama consagración; lo segundo, santificación. Los dos versículos citados demuestran esa diferencia. En el primer texto somos, nosotros mismos, instados a consagrarnos, mientras que el segundo se afirma que es "el SEÑOR... [el que nos] santifica". La consagración es la parte humana de la ecuación; santificación es la respuesta divina. La consagración es la condición que le permite a Dios santificar. La consagración siempre debe preceder a la entera santificación.

Muchas personas son atraídas a la santificación y han intentado alcanzarla tratando de "ser mejores" o "intentándolo con mayor deseo". Este método simplemente no funciona, porque se basa en esfuerzos humanos. ¡Sólo Dios puede hacernos santos! Dios afirma con claridad que su tarea es santificar al hombre y la mujer. Pasar de profano a santo requiere una limpieza por medio de la fe que sólo Dios puede realizar.

Por otro lado, Dios no obra hasta que cumplamos con la condición, que es la consagración. Consagración significa someterse a la voluntad de Dios y darle permiso para "santificarnos". La meta es la completa consagración. Eso es, entregarnos a Dios sin reservas. Cuando eso ocurre le permite al Espíritu Santo entrar en toda su plenitud y tomar el control de nuestra vida, sin limitaciones. Es en este preciso momento que se purifica nuestro corazón, se profundiza la comunión con Dios, se aumenta nuestro potencial de servicio a Dios y se acelera nuestro crecimiento espiritual.

Necesitamos concentrarnos en la consagración. Dios es fiel y cuando ve que estamos dispuestos, siempre hará su parte. Si usted ha estado buscando santidad y Dios no ha respondido, pídale que le muestre cuál es el problema. Usted no tiene que persuadirlo para que lo santifique. Él ya quiere hacerlo (véase Lucas 11:13). Usted simplemente necesita darle permiso y estar seguro que nada impide a Dios hacer la obra de gracia en su vida. Si usted está buscando con sinceridad, Dios le mostrará dónde está el problema.

Pregunta para reflexionar: ¿Está usted haciendo "su parte" al consagrarse por completo a Dios?

12
El amor en el centro

"Ama al SEÑOR tu Dios con todo tu corazón y con toda tu alma y con todas tus fuerzas" (Deuteronomio 6:5).

¿Qué es lo que realmente Dios quiere de mí? Él no necesita de mi consejo porque su sabiduría no tiene límites. No necesita mi ayuda porque Él puede hacer lo que quiera. Lo que realmente quiere es mi amor.

¿Qué tipo de amor es el que Dios busca? No quiere un amor superficial. La Biblia lo describe en términos extremos, como vemos en el versículo citado. Es un amor que envuelve la totalidad de nuestro ser; un amor exclusivo; un amor que le da la máxima prioridad; un amor que excede nuestro amor hacia cualquier otra cosa o persona; un amor sin fallas; el amor de un ser que libremente escoge amarle. (El amor de una criatura libre es lo único que Dios no pudo crear, y es por esto que nos dio la capacidad de amar y de escoger libremente). El amor no es un sentimiento; es una decisión.

Esta forma especial de amar es la esencia de la santidad. Juan Wesley sabía lo que decía al afirmar: "Santidad es nada más y nada menos que amar a Dios con todo el corazón, alma, mente y fuerza". Este amor implica un compromiso total. Cumple con las demandas de una consagración completa. Consagración no es darnos a nosotros mismos de mala manera, es un acto de amor. Cumple con todos los requerimientos de Dios. ¿Qué más podríamos dar que nuestro amor supremo y nuestra devoción total y completa? Amar a Dios más que todo lo demás es la esencia de la consagración total.

Normalmente, como ya mencionamos, pensamos de este amor como un estándar en el Nuevo Testamento. Pero aquí lo vemos en Deuteronomio 6. Es lo que Dios quiso desde el principio. No existe un sustituto para este amor.

Si amamos lo suficiente a Dios, nunca pensaríamos en desobedecerlo o hacer algo que le desagrade. Si lo amamos lo suficiente, nuestro único propósito en la vida sería hacer su voluntad y vivir para glorificarlo.

Pregunta para reflexionar: ¿Ama usted a Dios con un corazón puro?

13
Un asunto del corazón

"El SEÑOR tu Dios quitará lo pagano que haya en tu corazón y en el de tus descendientes, para que lo ames con todo tu corazón y con toda tu alma, y así tengas vida" (Deuteronomio 30:6).

Vestir el uniforme correspondiente no lo hace un policía. Si es soltero, usar un anillo no lo hace casado. En ambos casos, el símbolo exterior pretende representar algo más profundo –la esencia, el ser interior de la persona.

Lo mismo ocurría con la circuncisión, la señal externa la instituyó Dios para identificar al pueblo de su pacto. Sin embargo, los judíos no comprendieron el verdadero significado del símbolo. Con el paso del tiempo llegaron a ser muy legalistas al respecto. El símbolo llegó a ser más importante que la verdad que debía representar. El pacto de Dios con Israel era más que un acto físico ejecutado por manos humanas. Representaba una relación espiritual que involucraba al corazón. Mientras eso se hacía más evidente, los escritores bíblicos empezaron a referirse a ella, tanto en el Antiguo Testamento como en el Nuevo, como "la circuncisión del corazón".

La nueva toma de conciencia se enfocó en varios aspectos importantes: el cristianismo no es un asunto de rituales y liturgias; es un asunto del corazón. Usted no puede declararse cristiano porque canta una canción, recita un credo, o tiene su nombre inscrito en una lista denominacional. Aun el bautismo no le garantiza la salvación. Lo que cuenta es la realidad detrás del símbolo.

La circuncisión del corazón implica un cambio de naturaleza.

Significa quitar la "carnalidad" de nuestra vieja naturaleza pecaminosa y reemplazarla con una nueva naturaleza espiritual.

Por favor, note que Dios sigue y explica porque es necesario. Lo hace para "que lo ames con todo tu corazón y con toda tu alma, así tengas vida". Es imposible amarlo de esta manera si la naturaleza pecaminosa aún domina nuestro corazón. Lo que nos capacita amarlo de este modo es un cambio de corazón. El verdadero judío como el cristiano sufre una cirugía radical de corazón por la divina mano del Espíritu Santo. Dios no presta atención a los símbolos externos a menos que haya una correspondencia real con el corazón.

Pregunta para reflexionar: ¿Es usted en realidad la persona que pretende ser delante de otros?

14
La consagración nos lleva a una vida asombrosa

"Josué le ordenó al pueblo: Purifíquense [conságrense], porque mañana el SEÑOR va a realizar grandes prodigios entre ustedes" (Josué 3:5).

Consagración y santidad de corazón van de la mano. En realidad, son inseparables. Ninguno de nosotros puede esperar llegar a ser santo sin primero consagrarse a Dios. Veamos algunas razones para ello.

Dios hará esos grandes prodigios sólo en la vida de una persona sobre la cual Él tiene completo control. Cualquier falta de consagración impide que Dios obre. Él guiará a una persona a la plenitud de sus bendiciones sólo cuando manifieste una disposición completa a la obediencia. No existe para Dios algo así como obediencia parcial. Para Dios, esto es lo mismo que desobediencia.

La consagración alcanza su punto culminante al rendir la

voluntad a Dios. Es mucho más que estar dispuestos a hacer algo. Equivale, más bien, a firmar un contrato en blanco al final de la página y permitir que Dios escriba el contenido. Es seguir el ejemplo de Jesús en el monte cuando oró, "no se haga mi voluntad, sino la tuya" (Lucas 22:42, RV-60).

La consagración siempre precede a los "grandes prodigios" que Dios hace, como sucedió al abrir un sendero a través el Mar Rojo en forma milagrosa. La consagración viene primero, y luego siguen los grandes prodigios de Dios. A veces intentamos negociar con Dios y queremos invertir el orden, ofrecemos servirlo si primero nos concede el milagro que deseamos. No funciona así.

Completa consagración, sin límites o restricciones, es el prerrequisito absoluto para vivir vidas cristianas victoriosas. Cuando nos rendimos nosotros mismos a Dios, ganamos mucho más.

Pregunta para reflexionar: ¿Está usted tratando de conseguir lo mejor de Dios mientras retiene parte de usted mismo?

15
Dios no tolerará el pecado

"¡Levántate! ¡Purifica al pueblo! Diles que se consagren para presentarse ante mí mañana, y que yo, el SEÑOR, Dios de Israel, declaro: «La destrucción está en medio de ti, Israel. No podrás resistir a tus enemigos hasta que hayas quitado el oprobio que está en el pueblo»" (Josué 7:13).

De acuerdo a Dios no existe pecado "secreto". Él lo ve todo. Nada se le puede esconder. Esto es lo que los israelitas descubrieron después de la gran victoria en Jericó.

Esto es lo que sucedió: Dios le había prometido a los israelitas la victoria sobre sus enemigos en la conquista de Canaán. Sin embargo, todo el botín de sus victorias debía consagrarse al Señor y debía ir al tesoro del tabernáculo. Pero un hombre llamado Acán tomó en secreto parte del botín y lo enterró en su tienda. Cuando los israelitas fueron a la batalla, sufrieron una gran derrota. Entonces, Dios les informó que no volvería a bendecirlos hasta que la situación se corrigiera. El pecado de Acán se descubrió, y se lo castigó con severidad. La experiencia debía ser una lección importante para Israel.

El pecado es algo muy serio y debe tratarse de una manera radical. No se debe tomar a la ligera. Los efectos del pecado pueden ir más allá que el pecador en sí mismo y ocasiona consecuencias dolorosas en la vida de muchas personas inocentes.

Tal como ocurrió con los israelitas, el pecado nos roba la victoria. No podemos esperar disfrutar de las bendiciones de Dios mientras estamos aferrados al pecado. En nuestra búsqueda de la santidad, debemos ser obedientes a Dios en todo y no tratar de mantener algo escondido. No hay forma de escapar a las consecuencias del pecado, "sabed que vuestro pecado os alcanzará" (Números 32:23).

Pregunta para reflexionar: ¿Hay algo de tu vida que pretendes ocultar delante de Dios?

16

Compromiso completo

"Y ahora, dedíquense por completo al SEÑOR nuestro Dios; vivan según sus decretos y cumplan sus mandamientos, como ya lo hacen" (1 Reyes 8:61).

En la versión en inglés la *New International Version* dice: "Pero, dedíquense por completo al Señor..." *Pero* es una palabra pequeña que implica muchos aspectos. Un profesor de gramática la llamaría una conjunción adversativa. Usted y yo sabemos que señala una condición o contradicción importante. No puede ser más cierto que en el versículo mencionado.

Salomón había completado la construcción del gran templo con todos sus detalles de ornamentación. El arca del pacto se trajo al edificio y se colocó en el lugar santísimo. La hora de la dedicación del templo había llegado. Como parte de la ceremonia, Salomón hizo una larga y elocuente oración de dedicación arrodillado frente al altar del Señor con sus manos elevadas hacia el cielo. Luego se puso de pie y miró a la congregación para presentarles un desafío y bendecirlos. ¡Qué momento tan emocionante! Después, justo antes de terminar, usó la poderosa palabrita –"pero". Todas las preciosas palabras de promesa, bendiciones y potencial anunciado previamente dependían de esa palabrita de cuatro letras. "Pero, dedíquense por completo al Señor nuestro Dios; vivan según sus decretos y cumplan sus mandamientos".

¡Ni los compromisos tibios o a medias, ni la obediencia superficial lo logrará! Para Dios nada menos que "dedicarse por completo" a los decretos y mandamientos sería aceptable.

¿No es fascinante comprobar cuántos conceptos del Nuevo Testamento se encuentran en forma de semillas en el Antiguo Testamento? Los deseos y planes básicos de Dios para la humanidad nunca han cambiado. Sí, tomó un par de milenios para que estos conceptos se comprendan en su totalidad. Pero, a la luz de una más perfecta revelación, comprobamos que Dios aún quiere lo mismo que siempre buscó de nosotros: completa devoción y compromiso a Él. Aclara que no es un mero ejercicio ritual o una simple repetición de palabras. ¡Debe surgir del corazón!

Como en el Antiguo Testamento, aún hoy existe un "pero" que sigue a las promesas de bendición de Dios. El Señor no tendrá ningún problema en darle la bendición, pero debe dedicar todo su corazón a Él. Empiece con una completa consagración, y verá las maravillas de Su respuesta. Si usted se consagra a Él por completo, Él se consagrará por completo a usted. Es un buen trato: todo lo que usted tiene, por todo lo que tiene Él.

Pregunta para reflexionar: ¿Está usted dispuesto a aceptar la condición de rendirse por completo para recibir la plena bendición de Dios?

17
SE DEBE MANTENER LA CONSAGRACIÓN

"En efecto, cuando Salomón llegó a viejo, sus mujeres le pervirtieron el corazón de modo que él siguió a otros dioses, y no siempre fue fiel al SEÑOR su Dios como lo había sido su padre David" (1 Reyes 11:4).

La prosperidad puede ser tanto una bendición como una maldición. Quizás usted se haya dado cuenta que puede ser más difícil seguir a Dios cuando vivimos con mayor comodidad. Precisamente, esa fue la experiencia de Salomón, un hombre que tuvo muchas ventajas y oportunidades e hizo muchas cosas buenas. Aún así, su vida no terminó bien.

En los primeros años de su reinado se le concedió sabiduría, pero luego cometió algunos errores infantiles que le llevaron a la caída moral, y aun a la idolatría. Su historia nos ayuda a manera de advertencia sombría. Cometió el error de tomar esposas de las naciones paganas en los alrededores de Israel. Se le había advertido del peligro, pero la conveniencia política triunfó sobre la guía divina. El problema fue que estas mujeres paganas trajeron con ellas sus religiones paganas, y Salomón sintió la obligación de tolerarlas. Estas mujeres lo desviaron hacia otros dioses y su corazón ya no estaba consagrado por completo a Dios.

Es imposible estar "consagrado por completo" a más de una cosa a la vez. Nuestro Dios demanda completa lealtad y no permitirá que se le adore junto a otros.

Hay muchas cosas que compiten por la atención de Dios en nuestras vidas. Estas pueden llegar a ser "dioses" para nosotros. Tolerar su presencia siempre es peligroso.

Como sucedió con Salomón, lo importante no es cómo empezamos nuestro caminar con el Señor, sino cómo lo terminamos. Recuerde las palabras de Jesús: "Habrá tanta maldad que el amor de muchos se enfriará, pero el que se mantenga firme hasta el fin será salvo" (Mateo 24:12-13).

Pregunta para reflexionar: ¿Qué compite en su vida por robar la atención que Dios reclama de usted?

18

La hermosura de la santidad

"Tributen al SEÑOR la gloria que corresponde a su nombre; preséntense ante él con ofrendas, adoren al SEÑOR en su hermoso santuario" (1 Crónicas 16:29).

¿Qué es lo más hermoso en el mundo? Para algunos, puede ser un soberbio atardecer o un estupendo paisaje. Otros pueden decir el rostro de sus esposos o hijos. Hay muchas cosas hermosas en el mundo, pero una sobrepasa todas ellas –la santidad de Dios. Ciertamente, nada podrá sobrepasar la hermosura de Dios mismo, el creador de todo lo hermoso. El brillo llameante de su gloria es demasiado grande para que el ojo humano pueda contemplarlo.

Es algo maravilloso que se nos haya invitado a venir delante de este Dios asombroso y poder adorarlo en su hermoso santuario. ¡Qué privilegio increíble! Cada uno de sus atributos sobrepasa el brillo del sol. Ese es el término que Dios mismo usa para describir su naturaleza. Su gloria va mucho más allá de la capacidad de descripción de las palabras más expresivas.

Aún así, maravilla entre maravillas, en el Nuevo Testamento se nos informa que Dios quiere hacernos "participantes de la naturaleza divina" (2 Pedro 1:4, RV-60). Él quiere que las criaturas que creó tengamos parte de su naturaleza. De hecho, ese es el mayor regalo que pretende dar a la humanidad.

A partir de esta realidad, es fácil deducir que la santidad es atractiva, deseable, y buena para nosotros. Es la fuente del verdadero gozo y la máxima bendición. ¡Qué triste es que la opinión popular diga lo contrario: que la santidad es desagradable y dañará la "diversión" que la vida ofrece!

Hay una belleza inherente a la santidad: es la belleza de la pureza, el amor, y la armonía. Todo esto se manifiesta en el mismo acto de adoración al encontrarse lo humano con lo divino. En ese instante se unen en una naturaleza en común; poseen la misma pureza de corazón; tienen un compromiso común el uno con el otro, y se prometen amor genuino por siempre. Experimentan una profunda comunión y disfruta cada uno de la presencia del otro. Es hermoso, es la hermosura de la santidad.

Pregunta para reflexionar: ¿Hasta dónde conoce a este Dios santo?

19
Quitar la impureza

"¡Levitas, escúchenme! Purifíquense ustedes, y purifiquen también el templo del SEÑOR, Dios de sus antepasados, y saquen las cosas profanas que hay en el santuario"
(2 Crónicas 29:5).

A nadie le agrada la basura. La tiramos fuera de nuestras casas y hacemos lo que podemos por mantener nuestros hogares limpios y sin elementos contaminantes. ¿Cuánto más nos debería interesar quitar todas las impurezas de nuestros corazones? Esa es la lección que aprendemos de este pasaje.

Hubo una época cuando la actividad en el templo era el corazón y alma de Israel, pero en el transcurso del tiempo el cuidado de ese lugar sagrado se descuidó. Se habían "rebelado, y hecho lo malo ante los ojos de Jehová nuestro Dios... y apartaron sus rostros del tabernáculo de Jehová, y le volvieron las espaldas" (v. 6, RV-60).

Las puertas del templo se habían cerrado; el resplandor de las lámparas se había extinguido, y ya no se quemaban incienso y ofrendas a Dios. En verdad, fue algo muy triste. Imagine, si lo desea, esta escena en su mente. Polvo, suciedad y toda clase de inmundicia se habían filtrado al interior del santuario. Tela de arañas por todas partes. Basura esparcida en el suelo. ¡Vaya desastre!

Ezequías entra. Se espanta. Comienza a abrir las puertas y a repararlas. Luego, da a los levitas la orden de "santificar la casa de Jehová el Dios de vuestros padres, y sacad del santuario la inmundicia" (v. 5, RV. 60).

Parece incongruente usar las palabras "santuario" e "inmundicia" en la misma frase. Un santuario por su naturaleza debería estar limpio. Ezequías reconocía esto y por lo tanto ordenó que se quitara la inmundicia. La santidad y suciedad no se mezclan. Son incompatibles. Si esto es verdad sobre un lugar, cuanto más sobre el corazón humano. Cuando Dios trata con la contaminación del corazón humano, Él remueve la basura acumulada y lo limpia. Un corazón limpio es el único lugar adecuado para que el Espíritu Santo more en él.

Por su puesto, en primer lugar sería mejor no permitir que la basura se acumule. Es bueno tener la firme meta de mantenernos siempre sin contaminación del mundo.

Pregunta para reflexionar: ¿Cuánto ha pasado desde que usted sacó la "basura" de su vida?

20

El requisito para entrar a la presencia de Dios

"¿Quién puede subir al monte del SEÑOR? ¿Quién puede estar en su lugar santo? Sólo el de manos limpias y corazón puro, el que no adora ídolos vanos ni jura por dioses falsos
(Salmos 24:3-4).

Muchas personas experimentan el denominado complejo de inferioridad. Siempre sienten que no son tan buenos como otras personas –y no son lo suficientemente buenos delante de Dios. ¿Y usted? ¿Es usted lo suficientemente bueno para entrar en la presencia de Dios? La buena noticia es que podemos llegar a ser aceptables para Dios. El salmo menciona cuatro indicaciones para entrar en la presencia de Dios.

La primera es tener las *manos limpias*. Nuestras manos representan lo que hacemos. A Dios le interesa en primera instancia el contenido moral de nuestras acciones. El pecado produce culpa, lo que ensucia nuestras manos. Solamente podemos limpiar nuestras manos manchadas con un lavado minucioso.

La siguiente indicación es un *corazón puro*. La limpieza del corazón implica una limpieza de la naturaleza pecaminosa. Este es el ministerio del Espíritu Santo, y es por eso que se simboliza con el fuego. Pedro testificó que esta purificación es lo que ocurrió en el día de Pentecostés (véase Hechos 15:9).

Ya que la obra del Espíritu Santo es más clara en el Nuevo Testamento, está bien definido en el texto que el problema del pecado es doble: por la culpa que acarrean y por la depravación heredada (la naturaleza pecaminosa). Por esta razón, la solución completa es un proceso de dos pasos: perdón y limpieza.

La tercera indicación es la *ausencia de idolatría*. Esto significa una absoluta lealtad para con Dios. Dios no aceptará un segundo lugar, detrás de dioses menores. Todo aquello que tome el lugar que por derecho es de Dios se convierte en un ídolo.

Cuarta, *sinceridad y verdad*. Dios no tolerará la falsedad. Los que le adoran deben hacerlo "en espíritu y en verdad". Esto requiere honestidad con Dios. Él ve a través de nuestras falsas pretensiones. ¡Él no puede ser burlado! Él ve nuestra apariencia exterior y ve lo que hay en el corazón.

Realmente, subir al monte del Señor y penetrar en el lugar santo es una meta digna de alcanzar ¿Está usted listo para lograr esta meta?

Pregunta para reflexionar: ¿Qué debe hacer usted para presentarse de manera aceptable delante de Dios?

21
Purificación

"Lávame de toda mi maldad y límpiame de mi pecado. Yo reconozco mis transgresiones; siempre tengo presente mi pecado" (Salmos 51:2-3).

¿Cuál es el problema con las personas? Parece que hacia donde miremos encontramos signos de que algo está gravemente mal con los seres humanos. Con sólo ver las noticias tenemos evidencias de que hay un problema fundamental con la naturaleza humana. El odio descontrolado, la codicia y la violencia causan cada día un dolor y pérdidas de valor incalculable en nuestro mundo. Después de milenios de historia humana podríamos pensar que tuvimos ejemplos suficientes como para aprender lo que nos conviene, pero a pesar de todos los esfuerzos, la historia siempre se repite. ¿Por qué?

El problema está en el corazón de los seres humanos. Para cambiar el mundo, debe cambiar la naturaleza interna de las personas. ¡Sólo Dios puede hacer eso! Y lo hace sólo cuando ve una búsqueda sincera en un corazón puro. Uno de los conceptos de la doctrina de santidad es que la solución a la naturaleza pecaminosa es la limpieza del Espíritu Santo. Esta verdad el salmista la expresa en forma de oración. David reconoce que hay algo malo en su vida. Se siente sucio por dentro. En su desesperación miró a Dios y rogó, "Lávame de toda mi maldad y límpiame de mi pecado". Este no es un clamor por una obra superficial. La Biblia Reina Valera presenta la urgencia de la petición con estas palabras: "lávame más y más".

La humanidad ha probado todo, excepto a Dios: educación, ley, dinero, medicina, reforma, drogas, guerras, prisiones más grandes, pero ninguno de estos esfuerzos sirvieron. Aún se puede decir que va peor.

Esto es lo que hace que el cielo sea tan atractivo. Todos tendrán un corazón limpio, y todas las consecuencias del pecado se desvanecerán para siempre.

Pregunta para reflexionar: ¿Está usted cansado de intentar limpiar su propio corazón?

22
La naturaleza pecaminosa: ¿Cómo la obtuvimos?

"Yo sé que soy malo de nacimiento; pecador me concibió mi madre" (Salmos 51:5).

¿A quién se parece usted más, a su padre o madre? La mayoría de nosotros heredamos al menos un par de nuestras características de los dos padres. Y también recibimos algo más como herencia de nuestros ancestros espirituales: el pecado. Nacemos con él.

Después que David reconoció su naturaleza pecaminosa y buscó limpieza, Dios le dio una visión más profunda del problema. Sólo un par de versículos después, comprobamos que David descubre la fuente del problema. Él explica que nació con una naturaleza pecaminosa y que el pecado se originó en él al ser concebido. Fue en el momento en que llegó a obtener identidad humana.

Después de la caída de la humanidad, no hubo forma para un ser que ya no era santo que transmitiera una naturaleza santa a su descendencia. La naturaleza pecaminosa llegó a ser parte de la naturaleza humana y en consecuencia transmitida a las generaciones venideras. Todos los seres humanos la poseen. Se observa mayormente "la inclinación que nos lleva a pecar". Es la raíz de la que brota el fruto del pecado. Somos pecadores por naturaleza aun antes que tomemos la decisión de pecar.

La obra necesaria para revertir esta condición es uno de los ministerios del Espíritu Santo, y se simboliza con el fuego. Esto llegó a ser más evidente en el Nuevo Testamento cuando nos movimos de los símbolos y formas del Antiguo Testamento a las realidades del nuevo pacto en el día de Pentecostés.

Es importante reconocer que cuando permitimos que Dios limpie nuestro corazón, dejamos de ser pecadores por naturaleza, y somos culpables si luego desobedecemos en forma voluntaria. Oímos decir, "soy un pecador salvado por gracia". Ahora bien, existen dos formas de interpretar esta frase. Una forma es referirse a nuestro pasado, cuando éramos pecadores, fuimos salvo por gracia, y esto produjo un cambio maravilloso en nuestra vida, así que ya no desobedecemos a Dios voluntariamente. Una segunda, y muy diferente interpretación, es afirmar que "aunque continuamos pecando deliberadamente, Dios por su gracia pasa por alto nuestro pecado". No existe nada en las Escrituras que nos permita persistir en pecado voluntario. Arrepentimiento implica un cambio total de actitud, sentir dolor por lo realizado y dejar de practicar el pecado.

Pregunta para reflexionar: ¿Se ha apartado usted del pecado?

23
¡QUÉ CONTRASTE!

"Entonces grité: «¡Ay de mí, que estoy perdido! Soy un hombre de labios impuros y vivo en medio de un pueblo de labios blasfemos, ¡y no obstante mis ojos han visto al Rey, al SEÑOR Todopoderoso!»" (Isaías 6:5).

Isaías tuvo una experiencia transformadora asombrosa. Por un momento, Dios le permitió ver a través del velo que separa esta vida de la futura. ¡Isaías quedó abrumado por la visión! Allí estaba Dios sentado en su trono en todo el esplendor y la gloria de su santidad. ¡Qué impacto! Lo sorprendente fue el contraste evidenciado. Su visión de la santidad de Dios reveló por completo su pecado. Su clamor inmediato fue, "¡Ay de mí, que estoy perdido!" Nunca antes lo había percibido. La visión de la santidad de Dios fue tan nítida que le hizo notar con agudeza todo su pecado.

Cuando nos comparamos a nuestros vecinos o a alguna otra

persona puede que no salgamos tan mal parados. Pero para obtener una evaluación más adecuada de nuestra realidad espiritual sólo la tendremos tomando como trasfondo la santidad de Dios. Por supuesto, se debe reconocer que la santidad de Dios es absoluta mientras que la nuestra es relativa.

Sólo hay una fuente de santidad. Y no existe fuera de Dios. No consiste en un compromiso a un credo o sujeción a una lista de normas. La santidad consiste en una relación con una persona. Significa estar en armonía con la naturaleza de Dios. Si Dios es santo, y nos relacionamos con Él de tal forma que no hay tensión o conflicto entre nosotros, entonces poseemos la misma naturaleza. La santidad es el resultado de quitar todo aquello que es contrario a Dios, todo lo profano. Cuando ello se va, sólo permanece la santidad. Estar en armonía con la naturaleza de Dios es ser santo.

Haría una gran diferencia en nuestra vida poder observar lo que vio Isaías. Después de una visión de la gloria de la santidad de Dios, nunca seremos los mismos. Por ahora, tenemos que creer en la palabra de Isaías. Una vez que hemos visto la realidad, sólo deseamos ser santos.

Pregunta para reflexionar: ¿Qué siente cuando contempla la asombrosa naturaleza de nuestro Dios?

24
La solución

"En ese momento voló hacia mí uno de los serafines. Traía en la mano una brasa que, con unas tenazas, había tomado del altar. Con ella me tocó los labios y me dijo: «Mira, esto ha tocado tus labios; tu maldad ha sido borrada, y tu pecado, perdonado»"
(Isaías 6:6-7).

¿Qué soluciones probó usted para limpiar su naturaleza de las manchas del pecado? La gente trata de muchas maneras –prácticas religiosas, medicina, ascetismo. Cuando Isaías llegó a ser dolorosamente consciente de su condición pecaminosa, uno de los serafines sabía lo que necesitaba. Isaías había simbolizado su condición con la frase "labios impuros". El serafín tomó un carbón encendido del altar y lo aplicó en el lugar que percibió como impuro. Lo que importa no es la parte del cuerpo. Por lo general, identificamos la limpieza con el corazón. No tiene nada que ver con el órgano físico. Solamente simboliza la identidad.

La lección importante para nosotros aquí es simplemente qué hacemos con la impureza: la debemos purificar. Usar un carbón al rojo vivo ciertamente implica que no se trata de una operación superficial. Un calor intenso realiza un trabajo profundo. Nos hace recordar el proceso por el cual los instrumentos quirúrgicos se preparan para una cirugía mayor. Son sometidos a calor y presión en un esterilizador por un tiempo determinado para así eliminar incluso al germen más resistente.

La pureza es la meta de la operación de Dios en el corazón humano. Medidas a medias no bastarán. Es evidente en las Escrituras que esta limpieza purificadora por el fuego es la obra del Espíritu Santo en la vida del creyente.

Esto es consistente con la imaginería del Nuevo Testamento, la cual habla del bautismo del Espíritu Santo y fuego, la obra del Espíritu Santo en el corazón humano que quema el desperdicio, y el fuego que apareció en los discípulos en Pentecostés.

Las soluciones al problema del pecado que el ser humano aplica no funcionan, pero Dios sí sabe qué hacer con el pecado. ¡Quemarlo! ¡Librarse de él! Permita que el Espíritu Santo obre, lo limpie.

Pregunta para reflexionar: ¿Permitirá usted que el Espíritu Santo queme las impurezas de su vida?

25
El camino de santidad

"Habrá allí una calzada que será llamada Camino de santidad. No viajarán por ella los impuros, ni transitarán por ella los necios; será sólo para los que siguen el camino" (Isaías 35:8).

Todos los caminos llevan a un destino. Así que donde termine dependerá el camino que decida tomar. Esto es aún más importante si el destino deseado es el cielo. La Biblia lo llama, Camino de santidad. Es el único camino que nos lleva al cielo.

Hay dos requisitos especiales para los que transitan esta senda. *Nada impuro* puede viajar por este camino. Está exclusivamente reservado para aquellos cuyos corazones han sido limpiados. *Ni los necios* podrán transitarlo. En este mundo, los necios pululan por todas partes. Necia es la gente que renuncia a valores eternos y verdaderos, por algo transitorio y sin valor. Los que niegan la existencia de Dios y los que juzgan el éxito de la vida por la acumulación de bienes materiales son necios. También los que viven por unos momentos de placer físico ilícito son necios. Hay muchos necios en el mundo, de distintas clases. Los encontrará en todas partes, menos en el Camino de santidad.

Aquellos que viajan en el Camino de santidad son quienes descubrieron el verdadero significado de la vida. Son los que se dan cuenta que lo que está al final de este camino hace que valga la pena transitarlo a cualquier costo. Es un camino glorioso.

Mire su mapa de caminos. ¿Será que el camino que transita lo llevará donde quiere ir? Cuidado con los desvíos. No se acerque demasiado al borde del camino. Siga avanzando. No estacione en cualquier lugar para contemplar el paisaje. ¡Disfrute del viaje! Disfrute de la comunión con sus compañeros en el peregrinaje. Anímese. Usted puede lograrlo. El cielo hace que el esfuerzo valga la pena.

Pregunta para reflexionar: ¿Hacia dónde dirige su vida?

26
El pueblo santo de Dios

*"Serán llamados «Pueblo santo», «Redimidos del Señor»;
y tú serás llamada «Ciudad anhelada», «Ciudad nunca
abandonada»"* (Isaías 62:12).

Es bueno saber que no estamos solos en nuestra búsqueda de santidad. Nos hemos lanzado a la aventura junto a muchas otras personas. Dios no desea crear solamente individuos santos. Desde el principio, Dios deseó crear una raza de gente santa. En este texto el profeta da un vistazo al futuro para darnos una idea de aquel tiempo en que el plan de Dios se haga realidad. Este plan falló en repetidas ocasiones debido a que Israel se alejaba de Dios y adoraba a otros dioses. Pero como Isaías ve aquí, el plan de Dios finalmente se cumplirá a pesar de los desvíos del camino.

Es un día que todos anhelamos. ¡Qué privilegio es formar parte del pueblo de Dios! Nos creó para que disfrutemos de Él y Él de nosotros. Luego, después de desviarnos, Él nos redimió y restauró y nos puso en un lugar privilegiado y de bendición.

Nada menos que un pueblo santo puede satisfacer a Dios. Es la base de nuestra comunión y gozo en su presencia. Porque Dios es santo quiere que su pueblo sea santo. Solamente Dios es santo por naturaleza, pero cuando le permitimos hacer su obra santificadora en nosotros nos participa de su misma naturaleza. Lleva a una perfecta armonía y unidad en nuestra relación con Él. Pensamos lo mismo, sin diferencias o desacuerdos.

Dios se complace en su pueblo santo y le brinda un cuidado especial. Lo considera un tesoro. Sus redimidos serán llamados "Ciudad anhelada". Es asombroso que siendo pecaminosos e indignos, Él tomara la iniciativa y nos buscara. También serán llamados "Ciudad nunca abandonada", lo que parece apuntar a la fidelidad de Dios con su pueblo. Siempre podemos contar con su presencia y bendición sobre nosotros.

Siendo un pueblo santo no restaura sólo nuestra armonía con Dios sino también la de unos con otros. La santidad requiere que nos amemos, que compartamos nuestras cargas y nos ayudemos mutuamente en el camino.

Pregunta para reflexionar: ¿Vive usted y adora en armonía junto con el pueblo de Dios?

27
UN NUEVO PACTO

"Éste es el pacto que después de aquel tiempo haré con el pueblo de Israel –afirma el SEÑOR–: Pondré mi ley en su mente, y la escribiré en su corazón. Yo seré su Dios, y ellos serán mi pueblo" (Jeremías 31:33).

Se dice que a nadie le gusta los cambios, excepto a un bebé mojado. Quizá una razón por la que cuesta aceptar los cambios se deba a que amenaza lo que estamos haciendo o nuestra forma de pensar. Mientras más grande es el cambio, más difícil es aceptarlo.

En uno de los versículos más importantes del Antiguo Testamento, Jeremías vislumbró el futuro y previó algunos cambios radicales en la forma que Dios trataría con la humanidad. Dios parece, por lo que dice, defraudado pues el antiguo pacto no funcionaba como lo deseaba. Consistía principalmente en formas religiosas externas con muy pequeño impacto en el aspecto ético de la vida del pueblo. La religión nacionalizada no producía la necesaria responsabilidad individual. Dios le permitió a Jeremías ver algunos de los cambios que sucederían en la era del evangelio.

Bajo un nuevo pacto el enfoque en la religión sería interno en vez de externo. Las leyes antes escritas en las tablas de piedra se escribirían en las mentes y corazones del ser humano. La motivación de amar y servir a Dios saldrá del interior en vez de ser una obligación externa. Dios trataría con principios internos en vez de síntomas externos.

Con las leyes de Dios escritas en el corazón, la obediencia de la Ley sería un deseo de agradar a Dios en vez de una imposición forzada con amenaza de castigo. Habría de acontecer una transformación moral que cambiaría los corazones.

Con las leyes de Dios en nuestras mentes y corazones, obedecerle llega a ser parte de nuestra naturaleza. No será una obligación impuesta y dolorosa sobre nosotros. Con la nueva naturaleza veremos las leyes de Dios en una luz del todo diferente. Le obedecemos porque lo deseamos, ya no por temor, sino porque lo amamos. Nos ha dado la misma naturaleza de Aquel en quien las leyes se originan.

Bajo el nuevo pacto, habría una nueva relación con Dios. Por medio de esa nueva relación seríamos menos formales, y gozaríamos de un trato más íntimo, personal, espiritual e individual con Dios. ¡Qué afortunados somos de vivir en la era del nuevo pacto!, de vivir en la era que Jeremías vislumbró.

Pregunta para reflexionar: ¿Goza usted de una relación personal con Dios?

28
Un anticipo del Pentecostés

"Los rociaré con agua pura, y quedarán purificados. Los limpiaré de todas sus impurezas e idolatrías. Les daré un nuevo corazón y les infundiré un espíritu nuevo; les quitaré ese corazón de piedra que ahora tienen, y les pondré un corazón de carne. Infundiré mi Espíritu en ustedes, y haré que sigan mis preceptos y obedezcan mis leyes" (Ezequiel 36:25-27).

Hoy, los cristianos toman a la ligera lo que parecía bastante radical cuando creyeron por primera vez. Así son las palabras de Ezequiel, que se las describió como el punto culminante de las profecías del Antiguo Testamento. Ezequiel ve nada menos que la promesa de un corazón puro, la cual recibe su cumplimiento el día de Pentecostés. Miremos esta profecía un poco más de cerca.

"Los limpiaré": Pedro testificó que lo que ocurrió en el día de Pentecostés fue una limpieza de corazón (véase Hechos 15:9).

"Un nuevo corazón": Un deseo nuevo de amar y servir a Dios.

"Un espíritu nuevo": Esto es reemplazar el espíritu de rebelión y desobediencia; un cambio interno de actitud.

"Les quitaré ese corazón de piedra que ahora tienen": Un corazón endurecido, terco, que quiere vivir a su manera.

"Les pondré un corazón de carne": Un corazón más sensible y sensitivo a Dios.

"Infundiré mi Espíritu en ustedes": La morada del Espíritu Santo en su plenitud. Note que la palabra "Espíritu" está en mayúscula. Es el dinamismo del Espíritu Santo, el poder que posee la capacidad de hacerlo posible.

En la era del Nuevo Testamento, esta experiencia había llegado a ser la norma de la experiencia cristiana. Adam Clarke dijo, "Aquí está la salvación que es el derecho de cada cristiano creyente desde su nacimiento; la destrucción total del pecado en el alma, y la renovación completa del corazón; ningún pecado tiene lugar en él, y ninguna injusticia tiene lugar fuera de él".

Pregunta para reflexionar: ¿Vive el Espíritu de Dios en su vida y realiza la obra anticipada por Ezequiel?

29
Llenos del Espíritu

"Después de esto, derramaré mi Espíritu sobre todo el género humano. Los hijos y la hijas de ustedes profetizarán, tendrán sueños los ancianos y visiones los jóvenes. En esos días derramaré mi Espíritu aun sobre los siervos y las siervas"
(Joel 2:28-29; véase también Hechos 2:16-21).

¿Experimentó usted alguna vez impaciencia para con Dios? Puede ser frustrante cuando parece que le tomará bastante tiempo cumplir sus promesas. Imagine cómo se habrá sentido el profeta Joel. Él anticipó esta increíble profecía cientos de años antes que se cumpliera. El profeta no vio este derramar del Espíritu Santo durante su vida puesto que sucedió mucho después, en el día de Pentecostés.

¡Qué tremenda visión tuvo el profeta Joel! Fue un evento que caracterizó toda una época. Es verdad que antes el Espíritu había descendido sobre ciertos individuos y les había capacitado para realizar grandes hazañas, pero en el día de Pentecostés estuvo presente en una medida mayor y disponible para todas las personas. Este derramamiento del Espíritu sin precedente inauguró una nueva dispensación. Marcó el nacimiento de la iglesia. El Espíritu Santo se convirtió en el Gran Capacitador y equipó a la iglesia para cumplir con su tarea en el mundo.

La experiencia de ser "llenos" del Espíritu elevó la forma en que los seres humanos experimentamos a Dios a su nivel máximo. Es la experiencia espiritual más significante que podemos obtener en este mundo. Al abrirse las puertas y hacer posible que las personas obtengan este nivel de intimidad con el Espíritu de Dios el plan de redención alcanzó su clímax.

Fue necesario que transcurriera mucho tiempo para que pudiéramos estar listos para este evento. Mucho antes, un par de profetas, lo había visualizado en el horizonte. Pero Dios no tiene prisa y, evidentemente, ¡siempre cumple con sus promesas!

¡Qué gran privilegio es vivir en la dispensación del Espíritu Santo! Su plenitud está disponible para todo aquel que lo busque hoy. Pedro declaró esta verdad a la multitud de espectadores en Pentecostés, "En efecto, la promesa es para ustedes, para sus hijos y para todo los extranjeros, es decir, para todos aquellos a quienes el Señor nuestro Dios quiera llamar" (Hechos 2:39). No es un privilegio especial reservado para un par de elegidos. Es para "todas las personas".

Pregunta para reflexionar: ¿Es usted capaz de esperar pacientemente por la obra del Espíritu de Dios?

30
La pureza prometida

"Pero ¿quién podrá soportar el día de su venida? ¿Quién podrá mantenerse en pie cuando él aparezca? Porque será como fuego de fundidor o lejía de lavandero. Se sentará como fundidor y purificador de plata; purificará a los levitas y los refinará como se refinan el oro y la plata..." (Malaquías 3:2-3).

Algunos problemas no pueden resolverse con simples remiendos o respuestas fáciles. Con frecuencia toma tiempo y esfuerzo lograr una solución verdadera. Cuando nos impacientamos con Dios, no somos los primeros en hacerlo. Otros antes que nosotros comprobaron que conviene esperar las soluciones de Dios pues son perfectas –aunque a veces tengamos que esperar bastante tiempo para que lleguen.

Malaquías había preguntado anteriormente, "¿Dónde está el Dios de justicia?" (2:17c). El profeta, para responder a esta pregunta, necesitaba identificar los eventos que no acontecerían sino luego de varios siglos y para lograrlo miró a través del telescopio de la profecía. El vio el ministerio de Juan el Bautista, la venida del Mesías, la inauguración del nuevo pacto, el nuevo método que Dios usaría para tratar con el pecado y el juicio final. Reconoció que ningún ser humano con una naturaleza pecaminosa podría soportar un encuentro con el Dios santo. Esto implica que nadie podría estar en su presencia, y esto es una muy mala noticia. ¡Pero ahora viene la buena noticia!

La buena noticia consiste en que Dios tratará el problema del pecado en una forma nueva y efectiva. Primero, será como el fuego del fundidor. Esta metáfora se tomó de la práctica de purificación de metal que se realiza por medio de su fundición. El metal se calienta en una caldera donde las impurezas salen a la superficie y se eliminan. Segundo, será como el proceso de lavado en el que se usa una lejía poderosa para blanquear. El proceso refinador de Dios es muy efectivo. Quita las manchas más difíciles y quema las impurezas más diminutas. Él purificará a los levitas (los sacerdotes responsables del estado degenerado de Israel). Puesto que en la nueva dispensación todos somos sacerdotes la necesidad de purificación se aplica a todos nosotros.

¡Qué maravilloso vistazo tuvo el profeta de la asombrosa solución que Dios ofrecería para el mayor problema de la humanidad! No es un tratamiento superficial. Se dirige al centro del problema y lo trata de forma radical pues destruye la maldad y purifica el corazón. Esto nos capacita para ofrecernos nosotros mismos a Dios en justicia y santidad.

Pregunta para reflexionar: ¿Está usted buscando una solución rápida al problema del pecado?

Santidad en el Nuevo Testamento

Después de siglos de espera y anticipación, llegó el tiempo tan anhelado. Jesús fue enviado en su misión a la tierra; fue el momento elegido por Dios para dar avance a la revelación de su plan redentor. Una de las primeras indicaciones fue el anuncio de Juan el Bautista que un nuevo bautismo –con fuego– estaba por acontecer. Ocurrió en el día de Pentecostés, cuando el Espíritu Santo vino sobre los discípulos, purificando sus corazones y llenándolos de su presencia de una manera nunca antes experimentada. Esta obra de Dios se transformó en el estándar del Nuevo Testamento para la experiencia cristiana.

Todos los símbolos, rituales y ceremonias se convirtieron en una realidad gloriosa. La santidad es ahora una realidad posible por medio de la consagración del creyente y el acto de limpieza del Espíritu Santo. Los autores del Nuevo Testamento, a partir de este momento, comenzarían a hablar del derramamiento del Espíritu Santo como algo que sucedió y ya no como una esperanza futura. Nació la iglesia. El Espíritu Santo se convirtió en su dinamismo (su fuerza capacitadora), y así completó el equipamiento de la iglesia para su misión. Hubo ocasiones previas en las cuales el Espíritu Santo vino sobre ciertos individuos dándoles poder para ciertas tareas, pero ahora la presencia y poder estaban disponibles para todos los creyentes.

Todo es diferente ahora. Es una nueva dispensación. La santidad real de corazón es alcanzable. El verdadero poder se halla ahora disponible para todos los cristianos. ¡El Consolador ha llegado!

31
Bautismo con Espíritu Santo y fuego

"Yo los bautizo a ustedes con agua para que se arrepientan. Pero el que viene después de mí es más poderoso que yo, y ni siquiera merezco llevarle las sandalias. Él los bautizará con el Espíritu Santo y con fuego. Tiene el rastrillo en la mano y limpiará su era, recogiendo el trigo en su granero; la paja, en cambio, la quemará con fuego que nunca se apagará" (Mateo 3:11-12).

El tiempo finalmente llegó. Después de muchos siglos de revelación y preparación, el Mesías estaba en la tierra. Y es verdad, ocurrió de manera diferente a la que muchos esperaban. Nació en el pesebre de un establo muy humilde en una pequeña aldea de nombre Belén.

Esa noche sería después reconocida como el punto de división de todos los tiempos, separando todo lo que ocurrió previamente con todo lo que ocurriría a continuación. A partir de ese momento todo sería diferente. Hasta ese momento, una gran parte de la revelación de Dios se expresaba por medio de ceremonias, rituales y símbolos. Desde allí en adelante, la verdad más radical brillaría como luz resplandeciente por medio de las enseñanzas del Hijo de Dios en persona. Nunca nadie habló como Él, con tanta autoridad y poder.

No debe sorprendernos que algunos de los grandes cambios que habrían de acontecer los anunciara el precursor que envió Cristo para que le preparara el camino.

Juan el bautista tuvo conocimiento anticipado de uno de los eventos más significativos dentro de la nueva dispensación. Su profecía se encuentra en el tercer capítulo del Nuevo Testamento: El bautismo con el Espíritu Santo y fuego.

Este bautismo con el Espíritu Santo traería más intimidad con Dios y la manifestación de un poder mayor en la vida de los creyentes. Este bautismo de fuego destruiría la naturaleza carnal y traería pureza de corazón de una manera hasta ahora imposible. La experiencia marcaría el principio de una nueva era en el plan redentor de Dios.

Pregunta para reflexionar: ¿Está listo para que Dios haga algo nuevo en su vida?

32
Preludio a la llenura con el Espíritu Santo

"Dichosos los que tienen hambre y sed de justicia, porque serán saciados" (Mateo 5:6).

¿Experimentó alguna vez un deseo abrumador por algo? Con frecuencia sentimos un gran apetito y una gran sed por nuestra comida y bebida favorita. ¿Puede imaginar sentir esa hambre y sed profundas por experimentar santidad?

En lo que se conoce como el Sermón del monte, Jesús prepara a los discípulos para su reino. Con una frase sencilla, el Señor abre la posibilidad de ser llenos de justicia (o santidad) y señala la condición requerida para obtenerla.

Los que la busquen de manera inconstante no la recibirán. Se la debe buscar con un deseo intenso. De hecho, es necesario llegar al punto donde uno la desea más que nada en el mundo. La imagen aquí presente es la de una persona hambrienta, o la de una persona perdida en el desierto a punto de perecer por falta de un trago de agua. En ambos casos el deseo es tan abrumador que pagaría cualquier precio.

Recuerdo una historia que nos ayuda a identificar aquello que en verdad es importante en la vida. Se trata de un hombre que al cruzar un desierto estaba a punto de morir por falta de agua. De pronto, a la distancia, vio una cantimplora. Pensando que se le habría caído a algunas de las caravanas que solían pasar por allí, corrió desesperadamente y la levantó. Al momento de recogerla y abrirla, lleno de angustia, lanzó un hondo gemido de desesperación, "¡Oh no! Está llena de perlas preciosas". Para este peregrino, ese tesoro, no tuvo valor alguno pues no pudo satisfacer su necesidad más desesperada.

¿Qué tan fuerte es su anhelo de librarse de su naturaleza pecaminosa que le roba la victoria espiritual? ¿De verdad desea ser lleno del Espíritu Santo? ¿Estaría dispuesto a pagar cualquier precio por ello? Bueno, se le negará a aquellos que sólo tengan un interés a medias, pero está disponible para aquellos que lo buscan de todo corazón. El precio es alto, pero, aún así ¡es una oferta maravillosa!

Pregunta para reflexionar: ¿Cuál es el mayor deseo de su vida?

33
¿Quién verá a Dios?

"Dichosos los de corazón limpio, porque ellos verán a Dios" (Mateo 5:8).

La simplicidad es uno de los aspectos más hermosos de las bienaventuranzas. Aquí, en el preámbulo del Sermón del monte, Jesús expresa los principios de la vida cristiana con un lenguaje claro y preciso. Este asunto es demasiado importante y para que no surjan posibles confusiones, el Maestro se dirige directo al centro de la cuestión. Seguramente el tema más importante para todo ser humano es conocer el requisito para poder ver a Dios. Esto es equivalente a entrar al cielo y vivir con Él para siempre. ¿Qué podría ser más importante que eso?

¿Qué es lo que Dios requiere para que usted reciba un regalo tan hermoso? Usted puede pensar que algo tan valioso debe ser difícil de lograr. Bueno, la condición no es conocimiento, o inteligencia, ni grandes logros o sacrificio. Solo hay una llave que abre la puerta del cielo: un corazón puro.

Lo bueno es que Dios ya proveyó todos los recursos necesarios para hacer posible que obtengamos un corazón puro. Pero esto no significa que sea fácil de lograr. Se requiere una consagración completa y profunda de todo lo que somos y tenemos. Implica poner a Dios en el centro de su vida y dejarlo que tome el control. Implica amar a Dios por encima de todo lo demás. Implica darle permiso para limpiar toda naturaleza pecaminosa de su vida y permitir que Dios tome el control. Implica llegar a vivir en perfecta armonía con Él. Implica salvación del pecado en todas sus formas.

A menos que le permita limpiar su corazón, no tiene otra esperanza bíblica de estar con Dios. Pedro identificó muy bien esta pureza de corazón como la esencia de la obra del Espíritu Santo el día de Pentecostés (Véase Hechos 15:9).

Pregunta para reflexionar: ¿En qué condición se encuentra su corazón?

34
Perfección cristiana

"Por tanto, sean perfectos, así como su Padre celestial es perfecto" (Mateo 5:48).

Cuántas veces hemos oído decir, "¡Nadie es perfecto!" Si no nos detuviéramos a pensar sobre esta aseveración, muchos de nosotros estaríamos de acuerdo. Sin embargo, la palabra "perfecto" es, de manera innegable, un término bíblico y aquí Jesús hace una declaración increíble al afirmar que algún tipo de perfección es posible para los creyentes. ¿Qué significa?

Obviamente, no quiere decir perfección absoluta, porque ésta le pertenece sólo a Dios. Sin embargo, hay ciertas áreas espirituales en las que nosotros podemos alcanzar una perfección relativa.

Por ejemplo, la Biblia es clara al decir que es posible vivir sin pecar. Todo pecado cometido es el resultado de una elección, y la Biblia nos promete que no seremos tentados más de lo que podamos resistir. Nadie puede en verdad decir, "Yo tuve que pecar", "¡No había otra salida!" No existe poder en la tierra que le obligue a desobedecer a Dios si en su corazón no lo desea. Puede cometer un error, pero eso es diferente a elegir desobedecer a Dios deliberadamente. Los errores se fundamentan en buenas intenciones, el pecado no.

El amor también puede ser perfecto. La Biblia nos demanda amar a Dios con todo nuestro corazón, alma, mente y fuerzas. ¿No sería eso amor perfecto? ¿Qué podría faltar? ¿Demandaría Dios algo que es imposible? A Dios sólo le satisface el amor genuino. ¡Imagino que usted también desea esta clase de amor de su cónyuge!

Existe también la perfección de motivos e intenciones. Es verdad que nuestras acciones no siempre terminan bien, pero nuestras intenciones pueden ser buenas siempre.

Dios estableció la medida para nuestra relación con Él en la más alta relación de calidad. El Señor se sentirá muy satisfecho si sinceramente hacemos lo mejor de nuestra parte para amarlo y servirlo. Si Dios establece el estándar para nosotros, también hará posible que nosotros lo logremos.

Pregunta para reflexionar: ¿Está buscando la perfección que Dios demanda?

35
Una oración por santidad

"Venga tu reino, hágase tu voluntad en la tierra como en el cielo" (Mateo 6:10).

¿Por qué motivos ora normalmente? Parece que la mayor parte del tiempo oramos por nuestros problemas y necesidades más inmediatos. Oramos por sanidad, ayuda financiera, dirección al tratar con diferentes personas y situaciones. Pero, ¿pensó alguna vez orar por todo aquello que más le interesa a Dios?

Los discípulos se acercaron a Jesús y le pidieron que les enseñara a orar. No tenían dudas de lo importante que era para Él la oración. Jesús les respondió dándoles un modelo de oración. La primera petición se refleja en el texto arriba. Una petición para que venga su reino y para que se concrete su voluntad.

Esas palabras no las podemos repetir con sinceridad si, al hacerlo, no buscamos la santidad. Si quiere que se haga su voluntad, debe empezar en su corazón y vida. Sería una oración poco sincera e infructuosa pedir que se haga la voluntad de Dios en cada situación menos en la nuestra.

¿Quiere que la voluntad de Dios se haga realidad en su vida? Entonces debe buscar la santificación porque la Biblia declara con claridad que la "voluntad de Dios es vuestra santificación" (véase 1 Tesalonicenses 4:3).

Si quiere que se realice la voluntad de Dios, debe ajustar su propia voluntad para que no esté en conflicto con la de Él. Aún Jesús tuvo que hacer esto cuando oró, y dijo, "no sea como yo quiero, sino lo que quieres tú" (Mateo 26:39).

El concepto que se destaca en este pasaje es que este tipo de oración nos lleva a la entera santificación. La consagración es el requisito y sucede en el momento que el creyente se rinde ante Dios y por propia voluntad se sujeta a Él.

No hay dudas que la voluntad de Dios se realiza y que su reino en el cielo es ya una realidad. Es por esa razón que es un lugar tan hermoso. Sin embargo, es posible tener un pequeño anticipo de lo que es el cielo aquí en la tierra. Es siempre maravilloso estar en el lugar donde se hace la voluntad de Dios. Eso puede ocurrir en lo más profundo de su ser, y sucede cuando el Espíritu Santo le limpia de su naturaleza pecaminosa y le moldea a la imagen de Cristo.

Pregunta para reflexionar: ¿Oró usted por su propia santificación?

36
Santidad simplificada

"Ama al Señor tu Dios con todo tu corazón, con toda tu alma, con toda tu mente y con todas tus fuerzas" (Marcos 12:30).

En una relación matrimonial existen obligaciones. Por ejemplo, aceptamos el compromiso de ser fieles en toda circunstancia. Sin embargo, no es el deber asumido lo que forma la verdadera unidad del matrimonio –es el amor. Ocurre lo mismo en nuestra relación con Dios.

No le obedecemos porque debemos hacerlo, sino porque lo amamos. Así que en su forma más simple, se puede describir la santidad como amar a Dios con todo nuestro corazón.

El requisito para la entera santificación es una total consagración a Dios. Pero la consagración no es el precio que pagamos para escapar del infierno. Tampoco es un castigo que debemos pagar para agradar a Dios y recibir su bendición sobre nosotros. No es algo que hacemos porque lo ordena un tirano. ¡La consagración es un acto de amor! Mientras más amamos a Dios, más deseamos consagrarnos a Él. Buscamos su voluntad porque sabemos que es lo mejor para nosotros. Dios desea bendecirnos y hacernos el bien.

Así es que mientras nuestro amor por Él crece, nuestra consagración progresará. Por lo tanto, si nuestro amor sigue creciendo, en algún momento llegaremos a alcanzar el estándar descrito en el pasaje anterior. En ese punto podríamos decir que amamos a Dios más que a cualquier cosa. ¡Así cumplimos con el requisito para la entera santificación! La esencia de la entera santificación no es nada menos ni nada más que amar a Dios con integridad.

Por ejemplo, si ama a Dios con este tipo de amor, querrá servirle y agradarle en todo lo que hace. Buscará su voluntad en cada área y a cada momento de su vida. El amor total hacia Dios es lo que lo anima a vivir de esta manera. Hacer la voluntad de Dios y agradarle será así su mayor prioridad.

Por otro lado, si su amor por Dios es perfecto, no podrá ni pensar en desobedecerle o hacer algo que no le agrade. Su amor completo por Él lo motivará a no entrar en conflicto con Su voluntad.

Lo que Dios más desea de usted es que lo ame. Pensar que la santidad es simplemente amar a Dios de la manera que Él espera que lo hagamos, simplifica mucho este concepto.

Pregunta para reflexionar: ¿Qué tan profundo es su amor por Dios?

37
Dios nos capacita con poder

"Nos concedió que fuéramos libres del temor, al rescatarnos del poder de nuestros enemigos, para que le sirviéramos con santidad y justicia, viviendo en su presencia todos nuestros días"
(Lucas 1:74-75).

¿Cuáles son aquellas cosas que nunca verá realizadas en su vida? La mayoría de nosotros entendemos que algunas están fuera de nuestro alcance. Puede que se resigne al hecho de que nunca escalará el monte Everest, no tocará en la Orquesta Filarmónica de Viena y no llegará a ser Presidente de su país. No es que no tengamos ambición; simplemente conocemos nuestros límites.

¿Se halla la santidad de vida incluida en su lista de lo imposible? Esta profecía es parte de la canción de Zacarías, que era parte de la celebración del nacimiento de Juan el Bautista. Está basada en el convenio que Dios hizo con Abraham bajo juramento. Note los seis elementos incluidos en ellas:

1. Triunfo sobre nuestros enemigos. Satanás es nuestro peor enemigo, y aquí se nos asegura que finalmente la justicia triunfará sobre la maldad.

2. Tenemos esta seguridad porque es un pacto que Dios realizó bajo juramento, lo que nos garantiza que así será. ¡Dios cumple sus promesas!

3. A pesar de la debilidad humana, Dios nos capacitará para alcanzar esta victoria tan significativa. Se ganará por el poder de Dios obrando en nosotros.

4. Esta gran victoria consiste en el poder de servir a Dios sin temor (temor a la derrota o al fracaso).

5. La gloriosa posibilidad de vivir en santidad y justicia. Aquí es donde alcanzamos el mayor potencial de la gracia de Dios.

6. Es importante darse cuenta de que no se trata de una condición temporal o esporádica. Es una condición específica y se aplica a "todos nuestros días". La meta de cada cristiano debe ser servir al Señor de manera permanente, todos nuestros días y en santidad.

La tarea puede parecer difícil por momentos, pero recuerde, que no es para realizarla en nuestra propia fuerza. Dios nos capacita para hacer todo lo que nos pide. Cuando el Espíritu Santo viene a llenarnos y tomar el control, su poder está obrando en nosotros. Como Pablo dijo, "Todo lo puedo en Cristo que me fortalece" (Filipenses 4:13). Cuando se sienta tentado a decir, "no puedo", sólo recuerde que ¡Él puede! Con Dios nada es imposible.

Pregunta para reflexionar: ¿Cree que es posible que usted pueda ser santo?

38
El mejor regalo

"Pues si ustedes, aun siendo malos, saben dar cosas buenas a sus hijos, ¡cuánto más el Padre celestial dará el Espíritu Santo a quienes se lo pidan!" (Lucas 11:13).

A los buenos padres les agrada dar buenos regalos a sus hijos. Lo hacen simplemente porque los aman. El amor es un motivador poderoso. Cuando llega la ocasión de entregar un regalo podemos imaginar a un padre amoroso buscando el mejor regalo posible para entregarlo a su hijo.

El mensaje de este versículo de la Biblia es que así como es verdad que a un padre le agrada dar buenos regalos a sus hijos, ¡cuánto más lo será para con nuestro Padre celestial! Dios ama a sus hijos y siempre quiere darles lo mejor. Si esto es verdad, y sí lo es, podemos plantear la pregunta, ¿Cuál es el mejor regalo que Dios le puede dar a uno de sus hijos? Ahora, haga un esfuerzo con su imaginación, ¿cuál sería el mejor regalo que el Dios Todopoderoso, el que puede hacer lo que quiera sin limitaciones, podría dar? ¿Serían riquezas o bienes materiales? ¡Evidentemente no! Él escogió dar su Espíritu Santo a aquellos que ama. Es difícil entender el valor de este regalo. No se puede calcular en términos humanos. Piense en la presencia del Espíritu de Dios que, por medio de la más íntima relación, nos llama de manera constante para consolarnos, guiarnos y darnos poder para cualquier necesidad. ¡Qué increíble es la bondad de Dios!

Y, mejor aún, no se entrega en forma arbitraria. Dios da el Espíritu Santo "a quienes se lo pidan". Nuestra pérdida, si no lo pedimos, es grande porque nos falta fe para reclamar las promesas de Dios.

Nuestros corazones deben estar preparados para recibir lo que Dios nos quiere dar. El Espíritu Santo no puede ir a "morar" en una casa contaminada por el pecado. Se le debe dar permiso para "limpiar la casa" antes de la mudanza. Esto lo hace voluntariamente para nuestro beneficio y el de Él.

Pregunta para reflexiona: ¿Qué le ha estado pidiendo a Dios?

39
¿Mejor sin Jesús?

"Pero les digo la verdad: Les conviene que me vaya porque, si no lo hago, el Consolador no vendrá a ustedes; en cambio, si me voy, se lo enviaré a ustedes" (Juan 16:7).

Experimentar el denominado "síndrome del nido vacío" puede ser un tiempo difícil tanto para padres como para hijos. Estos últimos pueden sentirse inadecuados para desarrollarse solos en el mundo, y los padres algunas veces experimentan dolor por la pérdida de la presencia de los hijos. Pero crecer es tanto inevitable como bueno. Pero cambiar de etapas es parte del diseño de Dios para nuestra vida. Jesús diseñó su relación con los discípulos de la misma manera. Planificó que ellos pasaran de ser dependientes de Él a ser guiados por el Espíritu Santo.

Estas palabras de Jesús deben haber sido confusas para los discípulos. Jesús les acababa de anunciar que los dejaría y luego añadió que esto sería lo mejor. Ellos deben haber pensado, "¿Estás bromeando? ¿Cómo puede ser?" Ellos dependían de Jesús. Él los entrenó y los guió cuando lo necesitaban con desesperación. ¿Qué harían ahora sin Él?

Después Jesús le explicó que algo nuevo, diferente y muy significativo estaba a punto de suceder. El Espíritu Santo (el Consolador) vendría pronto a inaugurar su ministerio especial en el mundo. A pesar de que era difícil entenderlo en ese momento, ¡Sería para mejorar! ¿Por qué la partida de Jesús podía ser algo bueno?

Mientras Jesús estaba físicamente en el mundo, su esfera de influencia estaba limitada a una pequeña localidad geográfica.

Relativamente hablando, tenía contacto con pocas personas en Palestina. El Espíritu Santo, por el contrario, ministraría simultáneamente a toda la raza humana.

Podemos pensar en el Padre como el originador del gran plan de salvación. Jesús fue el proveedor que lo hizo posible por su obra en la cruz. El Espíritu Santo es el ejecutor, el que toma el plan y los recursos provistos y los aplica a los corazones y vidas de cada individuo. Su trabajo se realiza en el interior de cada persona (véase Juan 14:17). El Espíritu Santo es quien inicia la salvación al convencer de pecado y culpa. Él es aquel que infunde la vida espiritual en el nuevo nacimiento. Es también el que limpia el corazón de toda naturaleza pecaminosa por medio del bautismo del Espíritu Santo. También suple todas nuestras necesidades, nos guía y fortalece. Al comprender estos beneficios reconocemos que fue mejor que Jesús regresase al cielo para enviarnos el Espíritu Santo.

Pregunta para reflexionar: ¿Ha desarrollado usted una relación con el Espíritu Santo?

40
Cuando Jesús oró por mí

"No te pido que los quites del mundo, sino que los protejas del maligno. Ellos no son del mundo, como tampoco lo soy yo. Santifícalos en la verdad; tu palabra es la verdad. Como tú me enviaste al mundo, yo los envío también al mundo. Y por ellos me santifico a mí mismo, para que también ellos sean santificados en la verdad" (Juan 17:15-19).

Por lo general, los padres quieren mejores cosas para sus hijos que las que los hijos desean para sí mismos. Los padres quieren que sus hijos tengan éxito en la vida, que estén sanos y amen al Señor. ¡Normalmente los niños sólo quieren divertirse! No nos debe sorprender que Dios quiera algo más de lo que vemos con nuestros ojos –Él quiere que seamos santos.

En la noche antes de ser sacrificado, Jesús hizo esta oración por sus discípulos. Es una de las oraciones más santas del Nuevo Testamento. De esta oración adquirimos un profundo conocimiento sobre todo aquello que más le preocupaba en relación a sus discípulos.

El oró por la protección y unidad de sus discípulos. Pero la parte más importante de esta oración es la petición de que ellos fueran santificados. En el Antiguo Testamento la palabra "santificar" se usaba para designar todo aquello que se "separaba" para propósitos sagrados. Pero en el Nuevo Testamento se refiere a la obra del Espíritu Santo purificando el corazón de una persona y hacerla santa. Esta oración de Jesús por sus discípulos se contestó en Pentecostés. Pedro identificó después ese día como el momento en el cual sus corazones se purificaron (véase Hechos 15:9).

¡Qué diferencia en la vida de los discípulos! Antes del Pentecostés estaban discutiendo sobre quién tendría el puesto más prominente en el reino venidero. Todos huyeron cuando las autoridades arrestaron a Jesús. Pedro negó en tres oportunidades conocer a Jesús. Pero después del Pentecostés fueron capaces de entregar sus vidas con arrojo, sin temor. Recibieron un poder que antes no tenían. Es por eso que Jesús les dijo que todavía no respondieran a la Gran Comisión de manera inmediata, sino que esperaran en Jerusalén hasta recibir la "promesa del Padre", la cual los equiparía para la obra. No habría más evidencia de ambiciones egoístas u orgullo personal.

Jesús declaró que se santificó a sí mismo (se separó a sí mismo) para que los discípulos pudiesen ser "santificados en la verdad" (purificados y hechos santos).

¡Qué importante es para todos nosotros experimentar un Pentecostés personal, propio! De esto depende el futuro de la iglesia.

Pregunta para reflexionar: ¿Está buscando lo mejor de Dios para su vida?

41
LA PROMESA DE PODER

"Pero cuando venga el Espíritu Santo sobre ustedes, recibirán poder y serán mis testigos tanto en Jerusalén como en toda Judea y Samaria, y hasta los confines de la tierra" (Hechos 1:8).

Uno de los ingredientes claves para el éxito en cualquier empresa es tener los recursos correctos. Un negocio no puede subsistir sin capital y un empleado no puede realizar bien su trabajo sin las herramientas adecuadas. De la misma manera, no tendremos éxito en nuestra búsqueda de santidad sin el factor clave –el Espíritu Santo.

Jesús sabía muy bien que si los discípulos intentaban llevar adelante la misión por medio del poder humano no llegarían muy lejos. Ellos necesitan algo más. Les había dado algunas señales al respecto, pero todavía no había ocurrido. Sin embargo, tenía la promesa de parte del Padre. Los discípulos se preguntaban qué era lo que se les había prometido.

De todas formas, tomaron las palabras de Jesús con seriedad. Fueron a Jerusalén y empezaron una reunión de oración que duró 10 días. Como no sabían muy bien lo que estaban esperando, era recomendable que lo hicieran por tan largo tiempo. Jesús los debió impresionar sobre la importancia de esperar la promesa.

Ellos contaban con tres ideas al respecto: (1) Se trataría de un bautismo especial. (2) Recibirían poder. (3) Con ese poder, serían testigos hasta lo último de la tierra.

El poder que ellos iban a recibir no era un paquete separado. Vendría de una nueva relación con el Espíritu Santo. Aquel que los llenaría como nadie antes lo había hecho. Él iba a dejar de estar "con" ellos para estar "en" ellos (Véase Juan 14:17). Esa presencia sería la fuente de su poder.

Es importante destacar el propósito de este poder. No era para prestigio o gloria personal. Tampoco para llamar la atención sobre sí mismos o ganar reconocimiento. Tenía el estricto propósito de capacitarlos para realizar la obra que Dios les había ordenado.

La historia nos cuenta lo que pasó después. Ellos salieron con un espíritu de evangelismo tan agresivo que impactó al mundo (con excepción de uno, todos los demás fueron mártires). Nosotros también necesitamos ese poder para ser efectivos en nuestro mundo.

Pregunta para reflexionar: ¿Está usted buscando el poder del Espíritu Santo?

42
¡Finalmente sucedió!

> *"Cuando llegó el día de Pentecostés, estaban todos juntos en el mismo lugar. De repente, vino del cielo un ruido como el de una violenta ráfaga de viento y llenó toda la casa donde estaban reunidos. Se les aparecieron entonces unas lenguas como de fuego que se repartieron y se posaron sobre cada uno de ellos. Todos fueron llenos del Espíritu Santo y comenzaron a hablar en diferentes lenguas, según el Espíritu les concedía expresarse"* (Hechos 2:1-4).

Algunos eventos importantes ocurren en silencio, casi inadvertidos, mientras que otros llegan con gran estruendo. Cuando el Espíritu Santo descendió sobre los discípulos en el día de Pentecostés, no había margen de error –¡Dios estaba en la casa!

El derramamiento del Espíritu Santo había sido profetizado y anticipado durante siglos. Estaba claro que iba a ser un evento que marcaría una época y que produciría un tremendo impacto en la iglesia y el mundo. El pasaje citado relata lo acontecido en ese mismo momento.

Como fue la inauguración de una nueva era en la historia, estuvo acompañada por señales y símbolos que ayudaron a entender lo que estaba sucediendo.

1. "Vino del cielo un ruido como el de una violenta ráfaga de viento". ¡Pudo haber sido un tornado! Esto fue para alertarles de la importancia de lo que iba a ocurrir. También puede ser visto como un símbolo del poder que iban a recibir.

2. "Lenguas como de fuego" que posaron sobre ellos. El fuego se reconoce como un agente purificador y cumpliría con la profecía de un bautismo de fuego.

3. "Todos fueron llenos del Espíritu Santo". Esta es la esencia de la experiencia pentecostal. Las otras señales eran temporales y periféricas.

4. "... y comenzaron a hablar en diferentes lenguas, según el Espíritu les concedía expresarse". Esto fue un milagro de la comunicación. El autor sigue ofreciendo pruebas de que se trataban de lenguas reales. Eran para comunicar el mensaje específico a los observadores del Pentecostés. Es una prueba adicional de que el mensaje era para todas las naciones.

Pregunta para reflexionar: ¿Cuál es la señal de la presencia del Espíritu en su vida?

43
Pentecostés: No fue un evento improvisado

"En realidad lo que pasa es lo que anunció el profeta Joel: Sucederá que en los últimos días –dice Dios–, derramaré mi Espíritu sobre todo el género humano. Los hijos y las hijas de ustedes profetizarán, tendrán visiones los jóvenes y sueños los ancianos. En esos días derramaré mi Espíritu aun sobre mis siervos y mis siervas, y profetizarán" (Hechos 2:16-18).

No hay nada nuevo sobre el Espíritu Santo. La tercera persona de la Trinidad ha estado activa durante toda la historia. La presencia del Espíritu no fue una aparición inesperada. Fue la culminación del plan de Dios que había sido anticipado durante siglos. Varios profetas, como Jeremías, Joel y Ezequiel vieron el derramamiento del Espíritu Santo ochocientos años antes de que ocurriese.

En el Antiguo Testamento se mencionan varios casos en los que el Espíritu vino sobre personajes claves, capacitándolos para realizar actos heroicos con propósitos específicos. Sin embargo, esto no debemos confundirlo con la dispensación del Nuevo Testamento, donde el Espíritu Santo llegó a estar disponible para todos los creyentes que buscasen su llenura. Esta experiencia luego del Pentecostés llegó a ser la norma para todos los cristianos.

Se debe enseñar la llenura del Espíritu como la máxima obra de Dios en el corazón humano. Nada es mejor en el plan maravilloso de Dios que esto. Todo lo sucedido en la historia bíblica desde Génesis fue una preparación para este día. Desde Pentecostés, nosotros los creyentes tenemos privilegios y bendiciones antes desconocidas para el ser humano. Incluye nuevo poder, más intimidad y comunión con Dios y la limpieza de la naturaleza pecaminosa llevándonos a una completa victoria sobre el pecado.

Dios lo planificó así desde el principio. La revelación de su plan fue progresiva en la historia. Pero fue sólo posible después de la venida de Jesús que se completaron los pasos finales de su plan.

Es un privilegio especial vivir en la dispensación del Espíritu Santo, y disfrutar de todas las bendiciones de su ministerio.

Pregunta para reflexionar: ¿Está viviendo en el Espíritu?

44
La repetición del Pentecostés

"Después de haber orado, tembló el lugar en que estaban reunidos; todos fueron llenos del Espíritu Santo, y proclamaban la palabra de Dios sin temor alguno" (Hechos 4:31).

Cada vez que un equipo deportivo gana un campeonato, se

plantea si puede volver a repetirlo. Muchos no lo consiguen. Este tipo de conquistas suelen ocurrir pocas veces en la vida.

Esto no es aplicable a lo acontecido el día de Pentecostés. El bautismo con el Espíritu Santo no fue una experiencia de una sola vez en la vida ni planeada para un grupo especial o selecto. Pedro enfáticamente rechazó este concepto el mismo día en que sucedió cuando públicamente manifestó: "... la promesa es para ustedes, para sus hijos y para todos los extranjeros, es decir, para todos aquellos a quienes el Señor nuestro Dios quiera llamar" (Hechos 2:39). El bautismo se repitió en varias ocasiones.

Pedro y Juan estuvieron en prisión. "Al quedar libres... volvieron a los suyos y les relataron todo lo que les habían dicho los jefes de los sacerdotes y los ancianos" (Hechos 4:23). Obviamente no todos los creyentes estuvieron presentes con los 120 en el aposento alto. Pero después de escuchar el tremendo reporte de Pedro, el poder de Dios vino sobre ellos y el Pentecostés se repitió para su beneficio.

Cuando los apóstoles escucharon que bajo la predicación de Felipe hubo un avivamiento en Samaria, enviaron a Pedro y Juan para darle seguimiento. "Éstos, al llegar, oraron por ellos para que recibieran el Espíritu Santo, porque el Espíritu aún no había descendido sobre ninguno de ellos; solamente habían sido bautizados en el nombre del Señor Jesús. Entonces Pedro y Juan les impusieron las manos, y ellos recibieron el Espíritu Santo" (Hechos 8:15-17).

La campaña evangelística de Felipe tuvo gran éxito, muchos "aceptaron la palabra de Dios" (v. 14). Pedro y Juan fueron específicamente para guiarles a experimentar la obra más profunda que realiza el Espíritu Santo. El Pentecostés se repitió una vez más. Este es un ejemplo clásico de las dos obras de gracia: conversión y, subsecuentemente, la llenura del Espíritu Santo.

El Pentecostés se continuó repitiendo durante todos los siglos siguientes. Miles y miles de personas dieron testimonio de esta realidad.

Pregunta para reflexionar: ¿Ha sido usted bautizado con el Espíritu Santo?

45
Un instrumento escogido

"–¡Ve! –insistió el Señor–, porque ese hombre es mi instrumento escogido para dar a conocer mi nombre tanto a las naciones y a sus reyes como al pueblo de Israel. Yo le mostraré cuánto tendrá que padecer por mi nombre. Ananías se fue y, cuando llegó a la casa, le impuso las manos a Saulo y le dijo: «Hermano Saulo, el Señor Jesús, que se te apareció en el camino, me ha enviado para que recobres la vista y seas lleno del Espíritu Santo»"
(Hechos 9:15-17).

Dios usa con frecuencia la gente menos pensada por nosotros para lograr sus propósitos. Esto sucedió con Gedeón, el héroe menos pensado llevó al pueblo de Dios a una gran victoria. También fue cierto para Saulo, a quien conocemos como Pablo –el perseguidor de cristianos que llegó a convertirse en el gran apóstol y evangelizador.

Pablo iba camino a Damasco, con el propósito específico de perseguir a los cristianos. Pero Dios tenía otros planes para él. Dios pudo ver en este hombre la personalidad y las habilidades que lo convertirían en un gran instrumento para impactar al mundo y edificar su reino. Así que Dios hizo todos los preparativos para encontrarse con Pablo aquel día en el camino.

Cuando Jesús mismo lo confrontó, quedó ciego. Comprendió de inmediato lo equivocado que estaba y con humildad pidió a Jesús que le indicara lo que debía hacer. Se le dijo que continúe hasta Damasco y que esperase allí. No se puede dudar que, en ese momento, Pablo experimentó una conversión dramática.

Pero si Saulo iba a ser un instrumento usado por Dios en forma poderosa necesitaba algo más. Dios escogió a otro de sus siervos, Ananías, para que le anunciara el mensaje. Ananías cumplió con su misión. Sus palabras a Pablo fueron que Dios lo enviaba "para que recobres la vista y seas lleno del Espíritu Santo".

La historia de todo lo acontecido luego probó la validez de la experiencia. Tal vez, Dios lo usó más que a cualquier otra persona en la historia para extender su reino y llevar el evangelio a los gentiles.

La posibilidad de lo que Dios puede hacer en una persona que se entrega a Él está aún hoy abierta.

Pregunta para reflexionar: ¿Piensa que Dios le puede usar?

46
El Pentecostés gentil

"Mientras Pedro estaba todavía hablando, el Espíritu Santo desciendió sobre todos los que escuchaban el mensaje. Los defensores de la circuncisión que habían llegado con Pedro se quedaron asombrados de que el don del Espíritu Santo se hubiera derramado también sobre los gentiles"
(Hechos 10:44-45).

El plan de Dios es inmenso –alcanza a todos. Puede ser tentador pensar que la gracia de Dios está reservada para algunos nada más, pero Dios ama a cada uno y quiere que todos sean salvos y limpios de pecado.

Esto es lo que aprendemos de la historia de Cornelio. Un oficial romano que llegó a ser un cristiano devoto. Él también era gentil (no judío). Dios le dijo que fuese a buscar a Pedro, el cual tenía un mensaje personal para él. Mientras tanto, Dios estaba tratando con Pedro de un modo especial, preparándolo para el encuentro. Él estaba hospedado en una casa a unos 130 kilómetros de distancia. Mientras oraba en la azotea, tuvo una visión con todo tipo de animales en una sábana extendida en el cielo. Se le ordenó que mate y coma. Pedro se negó; no, "jamás he comido nada impuro o inmundo". La respuesta fue, "Lo que Dios ha purificado, tú no lo llames impuro" (Hechos 10:13-15).

Mientras Pedro aún estaba preguntándose sobre el significado de esta visión llegaron a la puerta unos hombres de Cesarea y preguntaron por él. Al día siguiente se fue con ellos a la casa de Cornelio. Cuando llegaron, Pedro se dio cuenta que Cornelio había organizado una reunión (Hechos 10:27) con familiares y amigos para escucharlo.

Mientras Pedro hablaba, "el Espíritu Santo descendió sobre todos los que oían el discurso" (v. 44). Pedro, atónito, exclamó, "han recibido el Espíritu Santo lo mismo que nosotros" (v. 47). Lo increíble es que el Pentecostés se repitió y esta gente era gentil. Esto era totalmente contrario a lo que los judíos creían sobre su exclusiva relación con Dios. Era innegable.

Este hecho tuvo un efecto revolucionario para el resto de la historia de la iglesia. Nuestro Dios es el Dios de todas las naciones y entrega sus dones de manera imparcial a todas las personas que cumplen las condiciones para recibirlos.

Pregunta para reflexionar: ¿Conoce a alguien que necesita escuchar sobre el amor redentor de Dios?

47
Empieza la oposición

"Cuando comencé a hablarles, el Espíritu Santo descendió sobre ellos tal como al principio descendió sobre nosotros. Entonces recordé lo que había dicho el Señor: «Juan bautizó con agua, pero ustedes serán bautizados con el Espíritu Santo». Por tanto, si Dios les ha dado a ellos el mismo don que a nosotros al creer en el Señor Jesucristo, ¿quién soy yo para pretender estorbar a Dios?" (Hechos 11:15-17).

Dios tiene una manera de sacar a las personas fuera de su área de seguridad y comodidad. Normalmente preferimos quedarnos donde estamos, a salvo y cómodos, en vez de experimentar nuevas experiencias. Quedar donde estamos implica perder lo mejor de Dios para nosotros.

Después de la experiencia de Pedro en Jope y Cesarea, el comentario de lo sucedido se extendió rápidamente. Cuando las noticias alcanzaron Jerusalén, algunos de los judíos estaban horrorizados por lo que escuchaban. Cuando Pedro llegó a esta ciudad, la confrontación fue inevitable. Lo acusaban de haber ido y haber comido con un incircunciso en su propia casa. Esto era una falta seria para la ley y las tradiciones judías.

Pedro empezó a defenderse con sabiduría, relatando los detalles de la historia: su experiencia en Jope, el viaje a Cesarea, y el bautismo del Espíritu Santo. Su defensa consistió básicamente en afirmar que no fue él quien les dio el Espíritu Santo: ¡Dios lo hizo! Él sólo se encontraba ahí cuando ocurrió. Después de todo, ¿quiénes somos nosotros para oponernos a lo que Dios hace? Era un argumento irrefutable. La crisis se había instalado.

El siguiente desafío vino desde Antioquía. Algunos de los que causaban problemas empezaron a enseñar que los gentiles no podían ser salvos si no se circuncidaban. Pablo y Bernabé se opusieron con firmeza a esta enseñanza. Era obvio que este asunto se debía resolver de una vez por todas y de manera oficial. Así que para lograr un acuerdo enviaron a Pablo y Bernabé a Jerusalén para consultar al respecto a los apóstoles y ancianos. Cuando se reunieron, hubo bastante discusión, incluyendo discursos de Pedro, Pablo y Bernabé. Puesto que la salvación es por gracia, concluyeron que, guardar las normas de la tradición judía no debe ser requisito.

El argumento fue: "Dios, que conoce el corazón humano, mostró que los aceptaba dándoles el Espíritu Santo, lo mismo que a nosotros. Sin hacer distinción alguna entre nosotros y ellos, purificó sus corazones por la fe" (Hechos 15:8-9).

Pregunta para reflexionar: ¿Está listo para experimentar todo lo que Dios preparó para usted?

48
Un error corregido

"Por aquel entonces llegó a Éfeso un judío llamado Apolos, natural de Alejandría. Era un hombre ilustrado y convincente en el uso de las Escrituras. Había sido instruido en el camino del Señor, y con gran fervor hablaba y enseñaba con la mayor exactitud acerca de Jesús, aunque conocía sólo el bautismo de Juan. Comenzó a hablar valientemente en la sinagoga. Al oírlo Priscila y Aquila, lo tomaron a su cargo y le explicaron con mayor precisión el camino de Dios" (Hechos 18:24-26).

El conocimiento es una cosa; la experiencia es otra. Cualquiera que haya estudiado geografía en el colegio puede localizar en un mapa el Gran Cañón del río Colorado. Pero sólo aquellos que se acercaron a sus bordes, experimentaron el increíble calor seco y admiraron la grandeza de esta maravilla, entienden lo magnífico que es. La experiencia sobrepasa el conocimiento.

Así que mientras a Apolos se lo describe como "un hombre ilustrado" y que hablaba "con gran fervor" y "enseñaba con la mayor exactitud acerca de Jesús", le faltaba la experiencia de ser lleno con el Espíritu Santo de Dios. Él sólo conocía el bautismo de Juan. Priscila y Aquila reconocieron la limitación de su conocimiento y "le explicaron con mayor precisión el camino de Dios". Su enseñanza sobre Jesús era buena, pero no suficiente, pues no había llegado a conocer el bautismo del Espíritu.

Desafortunadamente, hoy muchos cristianos en la iglesia se encuentran en una situación similar. Puede que hayan experimentado el bautismo del arrepentimiento, pero nunca avanzaron al bautismo del Espíritu Santo. En algunos casos puede que sea porque tuvieron maestros como Apolos quien sólo conocía "el bautismo de Juan".

En otros casos, la experiencia de una persona puede ir mas allá de la teología que se le haya enseñado. Es posible ser un cristiano lleno del Espíritu Santo sin saber como llamarlo. Es muy común escuchar a una persona decir, luego de escuchar un mensaje de santidad, "Si, esto es exactamente lo que experimenté años atrás". Es muy importante que los predicadores y maestros experimenten la llenura del Espíritu Santo para, de esta manera, poder testificar e instruir apropiadamente.

Afortunadamente, Apolos conoció a un cristiano maduro que fue capaz de explicarle algunos conceptos "con mayor precisión". No lo hicieron para avergonzarlo, sino que lo invitaron a sus casas para conversar con él en privado.

¡Cuánta falta nos hacen hoy más Priscilas y Aquilas!

Pregunta para reflexionar: ¿Ha tenido una experiencia personal con el Espíritu de Dios?

49
UN DESCUBRIMIENTO IMPORTANTE

"Mientras Apolos estaba en Corinto, Pablo recorrió las regiones del interior y llegó a Éfeso. Allí encontró a algunos discípulos. ¿Recibieron ustedes el Espíritu Santo cuando creyeron? —les preguntó.
—No, ni siquiera hemos oído hablar del Espíritu Santo
—respondieron... Pablo les impuso las manos, el Espíritu Santo vino sobre ellos, y empezaron a hablar en lenguas y a profetizar" (Hechos 19:1-2, 6).

¿Sintió alguna vez que le faltaba algo? Quizá, salió de su casa una mañana y tuvo el sentimiento de que dejó allí algunos documentos importantes. O, tal vez, comenzó a participar tarde en una conversación y se dio cuenta de que no tenía ni idea de lo que allí se hablaba. Cuando Pablo fue a Éfeso, se encontró con una experiencia similar frente a un grupo de 12 creyentes.

A su vida espiritual le faltaba algo muy importante. Pablo les preguntó si habían recibido al Espíritu Santo. Ellos respondieron que ni siquiera sabían que había un Espíritu Santo. Pablo pronto arregló esa situación. Antes de que se terminara la reunión todos fueron llenos con el Espíritu Santo.

Este texto es claro y enseña que la entera santificación es una segunda obra de gracia. Estos 12 discípulos se sentían identificados como discípulos de Cristo, pero hasta que Pablo preguntó, no conocían de la existencia del Espíritu Santo.

El ejemplo de Pablo nos muestra que como líderes cristianos, debemos plantear la misma pregunta a aquellos que necesitan ser guiados a una experiencia más profunda con el Espíritu Santo.

Esto es muy importante porque una de las razones principales por la cual muchos nuevos cristianos se alejan de la fe es porque no se los motivó a buscar una experiencia más profunda con el Espíritu Santo. Es uno de los factores clave que trae fuerzas y estabilidad a la vida del cristiano. Aquellos que no avanzan rápidamente en el camino de la santidad tienen grandes posibilidades de retroceder. Es como un avión: Cuando deja de ir hacia adelante, empieza a descender.

La santidad no es un lujo espiritual opcional. Es en verdad indispensable para una vida cristiana victoriosa. Tampoco es como un postre que se ofrece después de una gran comida y que se puede disfrutar o rechazar según apetezca. ¡Realmente necesitamos al Espíritu Santo!

Pregunta para reflexionar: ¿Hay algo que falta en su vida espiritual?

50
LA HEREDAD DEL SANTIFICADO

"Ahora los encomiendo a Dios y al mensaje de su gracia, mensaje que tiene poder para edificarlos y darles herencia entre todos los santificados" (Hechos 20:32; véase también Hechos 26:18).

Cada año, mucho dinero queda sin ser reclamado por quienes debían heredarlo porque no tienen ni idea de que el legado les pertenecía. Sus beneficiarios, por lo general parientes lejanos, mueren sin dejar un testamento. La familia que sigue en la línea sucesoria, que debe heredar los bienes, no se puede localizar y así pierde el beneficio.

Hay una heredad especial prometida para todos aquellos que son santificados, sin embargo muchas veces no se reclama. Otros pasajes de las Escrituras nos dan idea de la naturaleza de esta herencia: "Y si somos hijos, somos herederos; herederos de Dios y coherederos con Cristo, pues si ahora sufrimos con él, también tendremos parte con él en su gloria" (Romanos 8:17). Nuestra heredad está basada en nuestra relación con Dios como sus hijos e hijas. Jesús también era Hijo de Dios, lo que nos hace coherederos junto con Él.

* La heredad se la describe como un reino (Mateo 25:34).
* También se la describe como "gloriosa" (Efesios 1:18).
* Está reservada para nosotros en el cielo y es "indestructible, incontaminada e inmarchitable" (1 Pedro 1:4).
* Su duración es "eterna", esto significa que la poseeremos para siempre (Hebreos 9:15).
* Se nos entregará en el día del juicio (véase Mateo 25:34).

¡Qué heredad! Hay mucho más que falta ser revelado, pero podemos afirmar con certeza que el sacrificio realizado para lograrla valdrá la pena.

Una persona puede ser pobre en lo material, y al mismo tiempo considerarse rico por la herencia prometida. Es algo seguro –¡es sólo cuestión de tiempo!

Pero, preste atención y no se confunda, esta es una promesa para todos aquellos que son santificados. Aquellos que están totalmente comprometidos con Dios, con corazones puros y santos.

El conocimiento de esta promesa debe animar en especial a los peregrinos que se encuentran en el camino de santidad durante tiempos difíciles y cuando la carga es pesada.

Pregunta para reflexionar: ¿Le interesa el premio?

51
Circuncisión del corazón

"Lo exterior no hace a nadie judío, ni consiste la circuncisión en una señal en el cuerpo. El verdadero judío lo es interiormente; y la circuncisión es la del corazón, la que realiza el Espíritu, no el mandamiento escrito. Al que es judío así, lo alaba Dios y no la gente" (Romanos 2:28-29).

¿Qué es más importante, llevar tu anillo de matrimonio o serle fiel a tu pareja? Obviamente, es más importante ser fiel. El anillo es un símbolo de compromiso en el matrimonio –sin fidelidad, el anillo no significa nada.

La circuncisión, es el símbolo que Dios ordenó como señal de su relación especial con los judíos. Era para identificarlos como el pueblo escogido por Dios. Sin embargo, con el paso del tiempo la práctica perdió significado. En el Nuevo Testamento, algunos judíos argumentaban que uno no podía ser salvo si no se circuncidaba. Esto causó una discusión considerable en la iglesia primitiva a pesar de que Dios dejó en claro que la salvación también estaba disponible para los gentiles.

Pablo argumentó que la circuncisión física no tenía ningún

valor. Lo que realmente tenía valor era obedecer los mandamientos (véase 1 Corintios 7:18). El apóstol comprendió que definir la relación de una persona con Dios por medio de una señal física le quitaría el valor a la persona y la obra de Cristo (véase Gálatas 5:2). Una verdadera relación con Dios es asunto del corazón. Es algo espiritual y no una marca en el cuerpo. Mientras que la circuncisión física empezó a perder valor, los autores bíblicos empezaron a hablar de la "circuncisión del corazón". Pablo, fue aún más allá y definió la circuncisión espiritual como el "despojarse del cuerpo pecaminoso" (Colosenses 2:11). De la misma manera que una porción de piel se cortaba y quitaba, la naturaleza pecaminosa se trataba con la circuncisión del corazón.

Este nuevo concepto acabó con la idea de que la salvación era únicamente para los judíos y que sólo podía lograrse en conformación a sus leyes. Lo que realmente importa es destruir la naturaleza pecaminosa, lo que se hace evidente por medio de una vida transformada y los frutos del Espíritu.

Dios no está interesado en ceremonias, liturgia y tradiciones muertas. Él mira el corazón.

Pregunta para reflexionar: ¿Está intentando vivir su relación con Dios sólo por "señales externas"?

52
Libres de pecado

"En efecto, habiendo sido liberados del pecado, ahora son ustedes esclavos de la justicia" (Romanos 6:18).

¿No es sorprendente que las cosas que eliges mayormente acaban poseyéndote a ti? Compramos automóviles nuevos y después trabajamos duro para cubrir todas las cuotas. Compramos nuevas casas y después pasamos fines de semana trabajando en su mantenimiento. Esta verdad es aún peor si lo que llega a dominar nuestra vida es el comportamiento pecaminoso. Una de las consecuencias más crueles del pecado es que le convertirá en un esclavo. Uno de los grandes beneficios de la redención es que le liberará del pecado.

Cristo declaró que uno de los objetivos de su venida era "liberar a los cautivos". Sólo la teología de santidad cumple con esa promesa en todo su sentido. Una doctrina que permite a la persona seguir pecando la condena en esclavitud. La Palabra de Dios es muy clara en este punto: "¿Acaso no saben ustedes que, cuando se entregan a alguien para obedecerlo, son esclavos de aquel a quien obedecen? Claro que lo son, ya sea del pecado que lleva a la muerte, o de la obediencia que lleva a la justicia" (v. 16).

La esclavitud es algo terrible, y la esclavitud del pecado es lo peor. Es difícil creer que nuestro Dios, que hace todo con tanta excelencia, ofreciese una salvación que no soluciona el verdadero problema del hombre. Ser libres de pecado es la meta principal de Dios en su plan para nosotros. Él comienza tratando la culpa del pecado por medio del perdón. Pero el proceso no se completa hasta que el Espíritu Santo trata con el principio del pecado que mora en nosotros. Sólo cuando por el bautismo de fuego quedamos limpios podemos decir que somos libres de pecado.

Juan declara el objetivo de la venida de Cristo: "El Hijo de Dios fue enviado precisamente para destruir las obras del diablo" (1 Juan 3:8). Eso es justo lo que hizo: "Él nos libró del dominio de la oscuridad y nos trasladó al reino de su amado Hijo" (Colosenses 1:13).

El autor del himno "Libertad gloriosa" lo expresa de manera excelente:

Antes vivía esclavizado
Por las cadenas de mi maldad;
Mas por Jesús fui ya libertado,
Dicha infinita Cristo me da.[4]

Pregunta para reflexionar: ¿Ha sido liberado del pecado?

---

4 Haldor Lillenas, Nazarene Publishing House. Himnario Gracia y Devoción, N° 264.

53
Esclavitud gloriosa

"Entonces, ¿qué? ¿Vamos a pecar porque no estamos ya bajo la ley sino bajo la gracia? ¡De ninguna manera! ¿Acaso no saben ustedes que, cuando se entregan a alguien para obedecerlo, son esclavos de aquel a quien obedecen? Claro que lo son, ya sea del pecado que lleva a la muerte, o de la obediencia que lleva a la justicia. Pero gracias a Dios que, aunque antes eran esclavos del pecado, ya se han sometido de corazón a la enseñanza que les fue transmitida. En efecto, habiendo sido liberados del pecado, ahora son ustedes esclavos de la justicia" (Romanos 6:15-18).

Tal vez usted escuchó la manera aquella vulgar de referirse al matrimonio como, "cadena y grilletes". Una persona felizmente casada no usa este epíteto. Entienden que al tomar los votos del matrimonio perderán un poco de libertad, pero es mucho más lo que ganan al unirse en una relación amorosa con otra persona. Así sucede también en nuestra relación con Dios. En un sentido, es una "esclavitud" que nos une a Dios. Sin embargo, es una esclavitud gloriosa y libre de pecados.

Hay varios pasajes bíblicos que hablan de que una vez que fuimos liberados de la esclavitud del pecado, una nueva esclavitud ocupa su lugar –nos transformamos en esclavos de Dios y de la justicia. ¿Qué quiere decir esto? ¿La libertad de pecados que encontramos es, en definitiva, sólo un cambio de esclavitud a otro dueño? ¡No exactamente! Es cierto que cuando nos comprometemos a obedecer a Dios, hemos rendido nuestra soberanía a Él, pero esto es algo del todo diferente.

Para empezar, es una esclavitud voluntaria ¿Parece como una contradicción? Tal vez, pero no lo es. La esclavitud del pecado nos es impuesta. Nuestra esclavitud a Dios es el resultado de una libre elección que realizamos por amor a Él. El mejor uso que podemos hacer de nuestra libre elección es entregársela a Dios. Se la entregamos con gozo porque lo deseamos. Uno de los mayores beneficios que se nos promete al recibir esta gloriosa esclavitud es que tendremos por fruto "la santidad que conduce a la vida eterna" (v. 22).

La esclavitud de Dios no es dura ni denigrante. Es un servicio ofrecido por amor. A nuestro servicio y obediencia los motiva el amor. Aún a nivel humano, cuando hacemos algo por aquellos que amamos, no lo contamos como un sacrificio sino como un privilegio. Hay muchos beneficios maravillosos en esta relación, pero quizá el más grande es que "nos lleva a la santidad", y resulta en vida eterna.

Pregunta para reflexionar: ¿Es usted un esclavo de Jesucristo?

54
Dos maneras de pensar

"Los que viven conforme a la naturaleza pecaminosa fijan la mente en los deseos de tal naturaleza; en cambio, los que viven conforme al Espíritu fijan la mente en los deseos del Espíritu. La mentalidad pecaminosa es muerte, mientras que la mentalidad que proviene del Espíritu es vida y paz. La mentalidad pecaminosa es enemiga de Dios, pues no se somete a la ley de Dios, ni es capaz de hacerlo. Los que viven según la naturaleza pecaminosa no pueden agradar a Dios" (Romanos 8:5-8).

El mundo, en términos espirituales, está dividido en dos campos radicalmente opuestos. Por un lado, están aquellos que la naturaleza pecaminosa los controla y, por el otro, aquellos que el Espíritu Santo los controla. Estos dos grupos se identifican por poseer maneras de pensar muy diferentes.

La mente pecaminosa está marcada por centrarse en los deseos de la naturaleza pecaminosa. A estos deseos los domina los apetitos de la carne, los bienes temporales, el egoísmo y la codicia.

Las mentes controladas por el Espíritu se centran en los valores espirituales, como el servicio a otros, el hacer el bien y agradar a Dios.

Todos nacemos con la naturaleza pecaminosa. Se puede describir como una tendencia o inclinación hacia el pecado. Es un estado triste de corrupción en nuestro ser más profundo. Cada vez que deseamos hacer algo bueno o correcto resulta en un conflicto interno. Y continuará creándonos problemas hasta que el Espíritu Santo limpie milagrosamente nuestra naturaleza pecaminosa.

Estas dos maneras de pensar nos llevan a diferentes finales. La mente pecaminosa nos llevará inevitablemente a la muerte espiritual (separación de Dios). La mente controlada por el Espíritu nos llevará a la vida, paz, y finalmente al cielo.

Algo triste del dominio pecaminoso en la mente es que es engañoso. Confunde a la persona haciéndola pensar que la satisfacción temporal de los deseos de la carne es mejor que la vida del Espíritu. La verdad es que sólo el control del Espíritu es lo que produce un gozo real y satisfacción duradera.

Pregunta para reflexionar: ¿Controla el Espíritu Santo su vida?

55
Hostilidad hacia Dios

"La mentalidad pecaminosa es enemiga de Dios, pues no se somete a la ley de Dios, ni es capaz de hacerlo. Los que viven según la naturaleza pecaminosa no pueden agradar a Dios"
(Romanos 8:7-8).

Durante un año electoral, muchas personas intentan mantenerse neutrales el mayor tiempo posible. Quieren considerar todas las opciones, escuchar a todos los candidatos y tomar suficiente tiempo para escoger al que apoyarán. Pero, tarde o temprano, el día de la elección llegará y tendrán que escoger. No se puede permanecer neutral para siempre.

De la misma manera, no existe neutralidad posible en nuestra relación con Dios. Finalmente, estaremos a favor o en contra. No hay término medio. El pasaje declara con claridad que la mente pecaminosa es hostil hacia Dios. Para ponerlo de una manera aún más concreta, la persona controlada por una mente pecaminosa se ha declarado enemiga de Dios. ¿Puede imaginarse lo que eso significa? Es decirle a Dios, "Bueno, vamos a entrar en guerra entre los dos". ¡Eso es ridículo! En un conflicto con Dios ¡adivine quién va a ganar! Puede que usted logre imponer su voluntad por un tiempo, pero Dios siempre tendrá la última palabra.

Como puede una persona poseer la audacia de decirle a Dios, "puede que seas Dios, pero yo soy más listo que tú. Mi manera de actuar es mejor que la tuya. Hay algunas cosas que tú todavía no sabes y debes aprenderlas". Es impensable tratar a Dios en esta forma. Sin embargo, en esencia, eso es lo que una persona hace cuando escoge enfrentarse hostilmente a Dios. Imagínese al Todopoderoso Dios, al creador de este tan vasto universo, observar a un pequeño grano de polvo que escoge ir a la guerra en su contra. Sería la mayor locura imaginable pensar que alguien podría imponer su voluntad y vencer a Dios.

Es imposible que una mente pecaminosa se pueda sujetar a la ley de Dios. Son opuestas. Incompatibles. Contradictorias.

La conclusión final de Pablo es que por causa de la naturaleza hostil de la mente pecaminosa, una persona no puede agradar a Dios. Es simple lógica: hostilidad y armonía no pueden coexistir; agradar a Dios y agradarse a sí mismo no puede ocurrir simultáneamente. Que nos controle el Espíritu y, a la vez, que nos controle la naturaleza maliciosa es una absoluta contradicción. Usted debe escoger, pero debe ser una cosa u otra.

Pregunta para reflexionar: ¿Ha escogido usted seguir a Dios?

56
Consagración

"Por lo tanto, hermanos, tomando en cuenta la misericordia de Dios, les ruego que cada uno de ustedes, en adoración espiritual, ofrezca su cuerpo como sacrificio vivo, santo y agradable a Dios. No se amolden al mundo actual, sino sean transformados mediante la renovación de su mente. Así podrán comprobar cuál es la voluntad de Dios, buena, agradable y perfecta" (Romanos 12:1-2).

En esta era digital, nos hemos acostumbrado a la idea de multitareas. Hablamos por teléfono, mientras escaneamos un correo electrónico. Cocinamos mientras ayudamos a los niños con sus tareas escolares. Creemos que podemos dirigir nuestra atención en dos o tres direcciones al mismo tiempo. Eso puede funcionar en el trabajo, pero es un desastre en la búsqueda de la santidad. Para que Dios nos santifique, debemos consagrarnos –esto significa una devoción total hacia Él.

El término "consagración", cuando se aplica a la experiencia personal religiosa, simplemente significa darle algo a Dios. Se puede aplicar a muchas cosas y en diferentes grados. Completa consagración significa que todo ha sido entregado a Dios sin reservas. En este momento, una persona es candidata a la entera santificación. Es en esta condición que el Espíritu Santo tiene permiso para entrar y tomar el control de una vida. Lo primero que hace es limpiar el corazón de toda naturaleza pecaminosa. Después el Espíritu provee la nueva fuente de poder para servir a Dios, para vivir una vida victoriosa y actuar con motivos puros y sin egoísmo.

Este texto presenta un contraste en relación a la costumbre del Antiguo Testamento de ofrendar sacrificios en un altar en el templo. En el Nuevo Testamento, Dios prefiere que nos ofrezcamos nosotros mismos, de tal manera, que lleguemos a ser un "sacrificio vivo". Este es un acto de adoración que en verdad agrada a Dios, pues le permite transformar nuestra vida, renovar nuestra manera de pensar y llevarnos a vivir en su perfecta voluntad. La voluntad de Dios para nosotros es siempre buena. La consagración es la parte humana. La entera santificación es la respuesta divina a nuestra consagración.

Una de las razones por la cual la obra santificadora de Dios se realiza en dos pasos se debe a que es imposible consagrar una vida pecaminosa. Usted no se puede consagrar mientras vive en pecado.

La consagración conlleva renunciar a nuestra (imaginaria) soberanía personal y dejar que el Espíritu tenga el control. A partir de ese momento nuestro objetivo no es vivir para nuestro beneficio si no para la gloria de Dios.

Pregunta para reflexionar: ¿Se ha consagrado usted completamente a Dios?

57
Santidad: La norma para el pueblo de Dios

"Sin embargo, les he escrito con mucha franqueza sobre algunos asuntos, como para refrescarles la memoria. Me he atrevido a hacerlo por causa de la gracia que Dios me dio para ser ministro de Cristo Jesús a los gentiles. Yo tengo el deber sacerdotal de proclamar el evangelio de Dios, a fin de que los gentiles lleguen a ser una ofrenda aceptable a Dios, santificada por el Espíritu Santo" (Romanos 15:15-16).

¿Qué calificación se consideraba aceptable cuando usted iba al colegio? ¿Se pretendía que todos fueran un estudiante de 10 puntos? ¿Una calificación de 8 puntos se la consideraba como una "buena nota"? ¿Era su meta ser un estudiante de 6 puntos? En muchos ambientes académicos, el 5 se considera la menor calificación aceptable para aprobar y obtener un diploma. Sin embargo, el estándar de Dios para su pueblo es un poco más alto –no en términos académicos sino espirituales. Se espera que todos seamos santos como Él es santo.

Ya vimos como la pureza de corazón fue la esencia de lo que el Espíritu Santo hizo en los judíos en Pentecostés. También vimos cómo sucedió lo mismo con los gentiles. En el día de Pentecostés, Pedro proclamó que la obra de limpieza del Espíritu es una bendición para las personas de todas las naciones. Este hecho se sostuvo por el milagro de poder comunicarse en las lenguas nativas de quienes lo presenciaron.

Pablo, una vez más, deja en claro que el plan de Dios es el mismo tanto para los judíos como para los gentiles: Pablo quiere que los gentiles convertidos sean "una ofrenda aceptable a Dios". Después, él añade, "Santificada por el Espíritu Santo". En el análisis final, esta es la única manera en la que una persona puede ser aceptable ante Dios. La palabra "santificar" quiere decir hacer santo. La santidad es la norma que Dios quiere para todo su pueblo.

En su segunda carta a los Tesalonicenses, Pablo dice que "... desde el principio Dios los escogió para ser salvos, mediante la obra santificadora del Espíritu..." (2:13). La entera santificación es la meta del Espíritu Santo para el corazón humano desde el mismo principio de su obra. Abarca todo lo que contribuye a la meta de ser santos, incluye convicción, justificación y regeneración (nuevo nacimiento). ¡Somos salvos para ser santificados! Todo es liderado por la obra santificadora del Espíritu. No hay otro agente que pueda hacer esto posible.

No se equivoque al respecto; ¡Dios quiere que seamos santos! No hay otro estándar aceptable. Es lo mismo para todas las personas y para siempre. Es el punto culminante del gran plan de Dios para nuestra salvación personal. Por lo tanto, no debemos detenernos hasta lograr esta meta.

Pregunta para reflexionar: ¿Es su meta ser santo como Dios lo es?

58
La garantía

"Dios es el que nos mantiene firmes en Cristo, tanto a nosotros como a ustedes. Él nos ungió, nos selló como propiedad suya y puso su Espíritu en nuestro corazón, como garantía de sus promesas" (2 Corintios 1:21-22).

Nos gusta obtener reconocimiento por todo aquello que hacemos, pero no podemos obtener ninguno en el caso de la santificación. Esta es la obra de Dios en nuestras vidas; nada podemos hacer por nosotros mismos. Este pasaje menciona cinco elementos esenciales que Dios realiza al brindarnos la llenura de su bendición.

1. **Establece:** La entera santificación se la llama "la gracia que establece". Señala el momento en el que una experiencia con Dios inconstante se transforma en firme y estable. Caer de la gracia muchas veces se relaciona con el hecho de que el creyente no procuró alcanzar una experiencia más profunda por la cual mantenerse firme en Cristo.

2. **Unge:** El concepto de unción se usa en la Palabra de Dios de diferentes maneras, pero en general se refiere a una capacitación especial. Cuando nos referimos a un predicador, solemos decir que predica "bajo la unción del Espíritu Santo". Representa para nosotros la ayuda del Espíritu en la tarea asignada por Dios en su servicio.

3. **Sella:** Este es el sello por el cual Dios nos identifica como suyos –sello de pertenencia. La pertenencia se basa en que Él nos creó; nos redimió, y voluntariamente nos hemos entregado (consagrado) a Él. Pablo se refirió a ello al mencionar su relación con el "Dios a quien pertenezco y a quien sirvo" (Hechos 27:23).

4. **Concede el don del Espíritu:** La esencia de nuestra intimidad con Dios es posible porque Él puso su Espíritu en nuestro corazón. Los "dones del Espíritu" son muchos (dones que el Espíritu da), pero el mayor don es el Espíritu mismo.

5. **Garantiza:** Los hijos de Dios reciben una herencia parcial en esta vida. La recibirán por completo cuando lleguen al cielo. Dios, mientras tanto, nos da su Espíritu como garantía de lo que está por venir. Con la llenura del Espíritu Santo podemos disfrutar un poco del cielo aquí en la tierra.

Pregunta para reflexionar: ¿Experimentó usted esta obra de Dios en su corazón?

59
Separación del mundo (del pecado)

"Salgan de en medio de ellos y apártense. No toquen nada impuro, y yo los recibiré. Yo seré un padre para ustedes, y ustedes serán mis hijos y mis hijas, dice el Señor Todopoderoso" (2 Corintios 6:17-18; véanse también Juan 17:6, 11, 14).

A muchos de nosotros no nos gusta ser diferentes. Por lo general, trabajamos duro parar ser como aquellos que están a nuestro alrededor. Nos gusta vestir la ropa que está de moda; nos gusta conducir los últimos modelos de automóviles. Pero un concepto claro, tanto en el Antiguo como en el Nuevo Testamentos, es que el pueblo de Dios debe ser diferente. Al pueblo judío se le urgía de manera constante separarse de las naciones paganas que estaban a su alrededor y rechazar sus prácticas pecaminosas y dioses falsos. El pueblo de Dios debía ser diferente en su forma de vivir.

La palabra "apártense" tiene dos dimensiones: de lo que una persona es separada, "separada de", y aquello para lo que se la separa, "separada para". La persona "separada de" se refiere a todo lo que es pecaminoso. La persona "separada para" se refiere a que se la aparta para Dios. Separados de todo lo pecaminoso nos prepara para que Dios nos use. Ser separado de toda impureza significa ser puro. Ser separado de suciedad implica limpieza. Ser separado del pecado en acto y naturaleza implica ser santo.

Hay otros aspectos que distinguen a los cristianos separados por Dios, que tienen que ver con el comportamiento. Las personas que tiene "la mente de Cristo" piensan diferente. Ven las cosas y las personas como Jesús las ve.

Ellos también hablan diferente. El lenguaje que usan, al igual que los temas que tratan, los separan del público general.

El fruto del Espíritu debe ser evidente en las vidas de los cristianos.

Los cristianos confían en Dios en los momentos difíciles de la vida, mientras que los no creyentes no tienen tal recurso de motivación y ánimo.

Cuando se enfrentan a la muerte aquellos que tienen esperanza de vida eterna en Cristo se encuentran en un plano diferente.

Pregunta para reflexionar: ¿Está acomodándose al mundo que le rodea, o es usted diferente?

60
Purifiquémonos

"Como tenemos estas promesas, queridos hermanos, purifiquémonos de todo lo que contamina el cuerpo y el espíritu, para completar en el temor de Dios la obra de nuestra santificación" (2 Corintios 7:1).

La limpieza es un componente crítico para la buena salud. El personal de un hospital siempre debe mantener en la sala de operaciones todo limpio y esterilizado. En ese contexto, la contaminación mata. Nosotros debemos purificarnos espiritualmente. La purificación es un componente crítico de la santificación.

El mandato de purificarnos, sin embargo, no debe ser entendido de manera que la persona piense que lo puede lograr por sí solo. Sólo Dios tiene el poder de purificar un corazón pecaminoso. Pero debemos cooperar con Dios para que lo haga. Se deben cumplir los requisitos, incluso el rechazo a pecar, y en profunda consagración permitir que Dios cumpla su voluntad en nosotros. Cuando hacemos nuestra parte Dios siempre actúa.

Como tenemos todas estas hermosas promesas, sería una lástima no comprender todo su potencial. Lo que Dios ha prometido, debemos buscarlo activamente. Sus promesas son todas buenas y no las debemos rechazar.

Algunos pecados se limitan al nivel espiritual. Otros involucran al cuerpo. Aquí se mencionan a ambos para enfatizar que debemos evitar todo lo que tenga un efecto contaminante en nosotros. La pureza no es real hasta que se completa. No existe una pureza contaminada.

La limpieza de corazón es el primer paso hacia la "perfección" de la santidad en nosotros. Puede que todavía haya cosas que el Espíritu tiene que enseñarnos. Siempre habrá lugar para crecimiento hacia mayores niveles de madurez. Pero después de que nuestros corazones hayan sido purificados, siempre actuaremos con motivaciones justas y buenas. Puede ser que estos actos no tengan resultados perfectos, pero nuestras intenciones siempre serán buenas.

Debemos evitar todo lo que contamine al cuerpo o al espíritu. Esto incluye recreación, hábitos, sustancias, entretenimiento y mucho más. Debe ser discreto y, a la vez, debe ser honesto consigo mismo.

Pregunta para reflexionar: ¿Ha sido purificado para Dios?

61
Crucificados con Cristo

"He sido crucificado con Cristo, y ya no vivo yo sino que Cristo vive en mí. Lo que ahora vivo en el cuerpo, lo vivo por la fe en el Hijo de Dios, quien me amó y dio su vida por mí"
(Gálatas 2:20).

Uno de los asuntos que más debates y controversias origina en nuestra sociedad es la pena capital, por lo que puede parecer raro que una analogía de ejecución se pueda utilizar para describir la nueva vida en Cristo. Sin embargo, Jesús murió al ser crucificado, el método preferido para las ejecuciones en el mundo antiguo, y el apóstol Pablo toma la imagen para describir cómo nos relacionamos ahora con Cristo. Debemos morir espiritualmente para vivir de nuevo.

La idea es que cuando entramos en unión con Cristo, se nos identifica con su muerte. Eso quiere decir, que morimos con Cristo. Estos es más que un discurso figurativo. Por medio de la fe hacemos nuestra la muerte de Cristo y visualizamos morir con Él.

Es por eso que Pablo puede decir, "ya no vivo yo sino Cristo vive en mí". Pablo testifica que rindió su voluntad y el derecho a su soberanía personal de manera voluntaria. Nos dice, en otras palabras, que como murió con Cristo ya no está vivo. Su vida la tomó Cristo y ahora vive bajo Su guía y gobierno. Cristo tomó su vida de tal manera que ya no es la vida de Pablo sino que es la vida de Cristo vivida a través del apóstol.

Si sigue el mismo razonamiento de identificarse con la muerte de Cristo, esto también se aplica a su resurrección. Su muerte con Cristo es lo que abre la puerta a una nueva vida resucitada.

Ahora, esta crucifixión con Cristo no debe confundirse con la auto-crucifixión de la naturaleza pecaminosa. Eso es completamente diferente. Es la naturaleza vieja y depravada la que muere (véase Gálatas 5:24).

Son muchos los beneficios en esta nueva vida, pero la fuente de todo se encuentra en el amor de Cristo, "quien me amó y dio su vida por mí".

¿Puede decir que está tan comprometido con Cristo que ya no vive su vida, pues es Cristo el que vive en usted? Sólo hay una manera de decir que sus decisiones las realiza por medio de Cristo, y es permitir que Él viva su vida en usted. Ahora, esto es posible si ha rendido su voluntad a Dios.

Pregunta para reflexionar: ¿Ha muerto usted con Cristo?

62
La crucifixión de la naturaleza pecaminosa

"Los que son de Cristo Jesús han crucificado la naturaleza pecaminosa, con sus pasiones y deseos. Si el Espíritu nos da vida, andemos guiados por el Espíritu. No dejemos que la vanidad nos lleve a irritarnos y a envidiarnos unos a otros" (Gálatas 5:24-26).

¿Qué soluciones buscó para resolver los problemas del pecado en su vida? ¿Fuerza de voluntad? ¿Consejería? ¿Compañeros para contar sus necesidades? Cada una de estas medidas son de ayuda a la hora de seguir a Cristo, pero para tratar con el pecado hay sólo una solución real –la pena de muerte. La Biblia usa un lenguaje duro cuando habla sobre cómo debemos tratar con la naturaleza pecaminosa. No se la puede tolerar, ni amparar. La única manera en que se puede tratar con efectividad es llevándola a la muerte por medio de la crucifixión.

La muerte física por crucifixión es muy dolorosa, y ninguno en su sano juicio desearía ser sometido a ella. ¡Cuando la naturaleza pecaminosa es confrontada con la posibilidad de ser crucificada, llega hasta los extremos para evitarlo! Prometerá portarse mejor y ser buena. La mente pecaminosa puede llegar a prometer sumisión a la ley de Dios, pero no podrá mantener la promesa, porque es hostil a Dios por naturaleza. Darle muerte es la única manera de liberarnos de ella.

Hay aquí un simbolismo interesante. Cuando una persona muere deja de responder al ambiente que le rodeaba. En otras palabras, no se puede tentar a una persona muerta. Puede traer comida deliciosa, música melódica, arte, o cualquier cosa deseable, pero no logrará ninguna respuesta de la persona muerta.

Un cadáver no sonríe, no se mueve. Cuando se crucifica la

naturaleza pecaminosa, ya no responde a las atracciones pecaminosas, porque se transformó en una mente espiritual. La limpieza del Espíritu Santo rompe el poder del pecado. Pablo lo exprese de la siguiente manera: "Sabemos que nuestra vieja naturaleza fue crucificada con él para que nuestro cuerpo pecaminoso perdiera su poder, de modo que ya no siguiéramos siendo esclavos del pecado" (Romanos 6:6).

Hay otro concepto interesante en el texto de Gálatas: Pablo aconseja; "andemos guiados por el Espíritu". Cuando estamos sometidos a la guía del Espíritu, no debemos correr adelante ni quedarnos atrás de la dirección que nos aconseje movernos. La imagen es la de caminar con Él cada día en armonía y comunión cercanas. Es justo lo contrario de querer caminar con Dios con la mente pecaminosa aún activa.

Pregunta para reflexionar: ¿Hizo morir la naturaleza pecaminosa en usted?

63
La elección original de Dios para nosotros

"Dios nos escogió en él antes de la creación del mundo, para que seamos santos y sin mancha delante de él. En amor"
(Efesios 1:4).

¿Cuál es el plan que ha realizado a más largo plazo? Quizá determinó graduarse de la escuela secundaria, o la universidad, y le tomó cuatro años para hacerlo, quizá más. Puede ser que haya decidido ahorrar dinero para una gran celebración de su décimo o vigésimo aniversario. Tal vez fue una hipoteca que tomó a 30 años y finalmente logró pagarla. Todo esto demanda tiempo. Sin embargo, el plan de Dios para su santificación tomó más tiempo que todo lo mencionado –empezó antes de que el mundo exista.

Dios, en algún lugar de su inconmensurable "presente eterno", tomó la decisión de crear una nueva criatura, diferente a cualquier otra que haya antes existido. Él quiso disfrutar de amor y comunión con esa criatura, pero para que esto ocurra, tuvo que conceder a este nuevo ser el poder de tomar decisiones con libertad. Sería una gran aventura, pero también incluiría algunos riesgos. ¿Qué tan buena sería la comunión si fuera forzada?

Ahora, Dios tenía en su mente un plan detallado. Quiso dotar a los seres humanos con ciertas características en común con Él para hacer posible esa comunión. También escogió que fuésemos "santos y sin mancha delante de él". Dios lo decidió así. Pero, por favor, comprenda que los propósitos de Dios no cambian, por lo que sus deseos para la humanidad siempre se cumplirán. Adán y Eva, al ejercitar su libertad, tomaron malas decisiones y como consecuencia introdujeron el pecado en la raza humana. Pero Dios, en su gran misericordia y amor, propuso otro plan; un plan para redimir a toda la humanidad y recuperar aquello que se perdió en el Edén. Las metas eran exactamente las mismas: una raza de personas que fueran santas e irreprochables, personas recreadas a la imagen de Dios. Esto haría posible renovar la condición de paz y armonía con el Creador y restauraría la comunión rota por la intrusión del pecado.

La palabra "santo" se refiere a la calidad interior de la naturaleza humana o carácter. "Irreprochable", por otro lado, se relaciona con nuestra obediencia y comportamiento exterior. Ambos son importantes para Dios. Ambas están incluidas en la provisión de Cristo hecha en la cruz. Las dos se pueden conseguir para todos los creyentes.

Nada menos podrá satisfacer a Dios. Él nunca podrá disfrutar de comunión con un corazón pecaminoso o desobediente. Su primera elección siempre será la demanda para su gente.

Pregunta para reflexionar: ¿Está usted encaminado en la meta mayor que es vivir una vida santa?

64
Toda la llenura de Dios

"Le pido que, por medio del Espíritu y con el poder que procede de sus gloriosas riquezas, los fortalezca a ustedes en lo íntimo de su ser, para que por fe Cristo habite en sus corazones. Y pido que, arraigados y cimentados en amor, puedan comprender, junto con todos los santos, cuán ancho y largo, alto y profundo es el amor de Cristo; en fin, que conozcan ese amor que sobrepasa nuestro conocimiento, para que sean llenos de la plenitud de Dios" (Efesios 3:16-19).

¿Cuál es su meta mayor? ¿Espera descollar tocando algún día un instrumento musical? ¿Aprender algún idioma? ¿Tener su propia compañía? Cualquiera que sea su meta mayor, no hay duda que será pequeña comparada con la meta que Dios tiene para su vida –que usted llegue a ser como Él.

El pasaje de la Escritura anterior es parte de una oración que Pablo realizó por los efesios. Todas las peticiones que realiza son interesantes, pero la última es impresionante. Miremos lo que pide para ellos:

* Que sean fortalecidos en lo íntimo de su ser
* Que Cristo habite en sus corazones
* Que sean arraigados y cimentados en amor
* Que puedan comprender las dimensiones del amor de Cristo
* Que sean llenos de la plenitud de Dios

Todas poseen alcances importantes, pero por falta de espacio sólo trataremos con la última.

Parece increíble que un ser humano débil y mortal pueda contener "la plenitud de Dios". Dios ha ido más allá de todo lo razonable y se ha entregado por completo y sin limitaciones. Tomaría más que toda una vida descubrir sus profundas implicaciones. Sí, Dios quiere todo de nosotros, pero a cambio nos ofrece todo lo de Él. Esto escapa a las posibilidades de nuestra imaginación.

¿Qué incluye la plenitud de Dios? Debe incluir toda su bondad, poder, sabiduría, santidad, bendición, voluntad y amor. Ahí está todo incluido. Es un potencial fantástico. La pregunta es: ¿Hasta qué punto describen estas palabras su experiencia con Dios?

Pregunta para reflexionar: ¿Está usted siendo lleno de toda la "plenitud de Dios"?

65
CREADOS PARA SER COMO DIOS

"Con respecto a la vida que antes llevaban, se les enseñó que debían quitarse el ropaje de la vieja naturaleza, la cual está corrompida por los deseos engañosos; ser renovados en la actitud de su mente; y ponerse el ropaje de la nueva naturaleza, creada a imagen de Dios, en verdadera justicia y santidad"
(Efesios 4:22-24).

La transformación es algo maravilloso. Tal vez presenció este fenómeno en la naturaleza al ver como un pequeño gusano se convierte en una hermosa mariposa. Algunas veces nos referimos a ciudades o vecindarios que son sorprendentemente revitalizados, como "transformados". La transformación no es nada menos que un cambio completo –de una cosa a otra. Y, precisamente, transformación es la meta de Dios para su vida.

Este texto habla de una transformación radical. "El viejo hombre" se caracteriza por "corrupción y deseos engañosos". Pero cuando Dios recrea un nuevo ser para remplazar al viejo, se describe como "creado a la imagen de Dios". El contraste no podría ser mayor: de corrupción y engaño, a santidad.

Este cambio interno implica una renovación de la mente. El nuevo ser piensa de manera muy diferente a la del viejo régimen.

Hay un cambio de enfoque como lo describe Pablo: "Por último, hermanos, consideren bien todo lo verdadero, todo lo respetable, todo lo justo, todo lo puro, todo lo amable, todo lo digno de admiración, en fin, todo lo que sea excelente o merezca elogio" (Filipenses 4:8). La nueva manera de pensar está en contraste manifiesto con las viejas influencias de los "deseos engañosos".

Dos características de la divinidad se mencionan en nuestro texto: justicia, que se entiende como la justa manera de vivir, el aspecto ético de la vida cristiana –obediencia a las leyes de Dios, y santidad, que es el cambio interno de naturaleza, el milagro de cómo Dios imparte su naturaleza al corazón humano. El cambio real toma lugar en el interior, pero se manifiesta en nuestra conducta, en nuestro diario vivir.

Esta transformación completa el ciclo. En el principio fuimos hechos a la "imagen de Dios". Desafortunadamente, perdimos esa imagen. Pero el plan redentor de Dios, nos recrea una vez más "para ser como Dios".

En este sentido la misión de Dios, de "... buscar y... salvar lo que se había perdido" (Lucas 19:10), se completa cuando el nuevo plan restaura el potencial de recuperar lo que se había perdido.

Pregunta para reflexionar: ¿Ha sido usted transformado?

66
Llenos del Espíritu Santo

"No se emborrachen con vino, que lleva al desenfreno. Al contrario, sean llenos del Espíritu" (Efesios 5:18).

¡Fue un día increíble! El día de Pentecostés, cuando se derramó el Espíritu Santo sobre los creyentes, fue uno de los momentos más poderosos, increíbles y emocionantes de la historia de la iglesia. Pero, ¿qué sucedió exactamente en aquel día? Se utilizan varias palabras para describir lo que les sucedió a los discípulos: "purificados", "limpiados", "santificados", "bautizados con el Espíritu Santo". Una de las frases más descriptivas es "llenos del Espíritu Santo". Veamos algunas de las implicaciones de este discurso figurativo.

Antes de que una vasija pueda llenarse de algo nuevo, debe vaciarse primero de cualquier sustancia. De igual manera, hay un aspecto negativo y otro positivo en la llenura del Espíritu. Antes de que Dios pueda llenar un corazón y hacerlo santo, se debe quitar todo lo que no es santo. Todo el orgullo y egoísmo pecaminoso debe salir, junto con los hábitos y actitudes que no glorifican a Dios. El Espíritu Santo no morará en un corazón contaminado por cualquier cosa pecaminosa. Una vez que el corazón es libre de las influencias contaminantes, el Espíritu Santo puede entrar por completo y llenarnos.

Cuando el Espíritu Santo llena un corazón, significa que ya no hay conflicto sobre quién tiene el control.

"Lleno" sugiere completo. Si se llenó una jarra con algo, no hay en ella lugar para nada más. Cuando el Espíritu Santo llena, implica que tenemos todo de Él, pero no lo tendremos todo hasta que Él tenga todo de nosotros.

Es interesante que exista una comparación negativa entre ser llenos del Espíritu y estar ebrio. Puede que recuerde que en Pentecostés algunos de los observadores acusaron a los discípulos de estar ebrios. Claro, eso no era cierto, pero la llenura con el Espíritu Santo, afectó su comportamiento en formas que el mundo no podía entender o explicar. El entusiasmo y gozo de ser cristianos llenos del Espíritu aún es un misterio para el mundo.

Por último, debemos notar que es un mandamiento, no una sugerencia. Es parte del plan de Dios que todos busquemos esta experiencia.

Pregunta para reflexionar: ¿Ha sido usted lleno del Espíritu Santo?

67
LIMPIOS, SIN MANCHA O ARRUGAS

"Esposos, amen a sus esposas, así como Cristo amó a la iglesia y se entregó por ella para hacerla santa. Él la purificó, lavándola con agua mediante la palabra, para presentársela a sí mismo como una iglesia radiante, sin mancha ni arruga ni ninguna otra imperfección, sino santa e intachable" (Efesios 5:25-27).

La relación matrimonial es una hermosa analogía para ilustrar nuestra relación con Dios. La metáfora es tan adecuada que el apóstol Pablo la usó en la Escritura. Pablo, en Efesios, comienza aconsejando a los maridos cómo deben amar a sus esposas. Compare este amor con el amor de Cristo por la iglesia. ¡Qué mensaje para los maridos! Pero antes de acabar la frase, Pablo cambió el enfoque a la naturaleza de la iglesia.

Las características de la iglesia que Pablo menciona también se aplican a aquellos que componen la iglesia. Las características de la iglesia no pueden ser diferentes a aquellos que la forman. Miremos las características mencionadas: santa, pura, radiante, sin mancha, sin arruga, sin imperfección, intachable. ¡Qué desafío es ser parte de una iglesia así!

Esta iglesia tan hermosa descrita por Pablo también se la conoce como la Esposa de Cristo. Es inconcebible que Cristo se una a una "esposa" que tuviese manchas, señales de contaminación o cualquier tipo de pecado. Ella debe estar limpia, pura y radiante en todos los aspectos. La mancha o reproche más pequeño la descalificaría para un puesto tan elevado como ser Esposa de Cristo. Todos aquellos que aspiran ser parte de la iglesia gloriosa y verdadera deben tener los mismos ideales. ¡No hay excepción!

Esto coloca un nivel muy elevado para nuestra vida, pero no se confunda, es del todo posible. Cada requisito de Dios va acompañado de la gracia necesaria para alcanzarlo.

No tenemos la manera segura de saber quién pertenece a la

iglesia real (invisible). Pero Dios mantiene un buen registro de todo, y llegará el día cuando se removerán las arrugas, manchas y reproches.

Pregunta para reflexionar: ¿Es usted parte de la esposa santa, la iglesia de Cristo?

68
CRISTIANOS MADUROS

"Así que, ¡escuchen los perfectos! Todos debemos tener este modo de pensar. Y si en algo piensan de forma diferente, Dios les hará ver esto también. En todo caso, vivamos de acuerdo con lo que ya hemos alcanzado" (Filipenses 3:15-16).

Piense en la forma que usted cambió a lo largo de su vida, con el paso de los años. Cuando era niño, sin duda era más pequeño y débil de lo que ahora es. Como un adolescente puede que haya sido un poco descuidado. Al crecer, maduró. Llegó a ser una persona sabia, fuerte y productiva. El mismo fenómeno –crecer en madurez– debe caracterizar su espiritualidad. Debemos distinguir entre pureza y madurez. Aquí hallamos algunas de sus diferencias:

* La limpieza toma lugar en un momento. La madurez se desarrolla con los años.
* La pureza es una condición del corazón. La madurez está relacionada con la sabiduría y el conocimiento.
* Un cristiano puede tener un corazón puro y todavía ser inmaduro. Una persona puede crecer en sabiduría, pero no en pureza (el corazón es puro, o no lo es).
* Una persona puede tener un corazón puro y al mismo tiempo tener poca sabiduría en algunas cosas que hace.

Lo ideal es empezar con un corazón puro y después crecer constantemente en madurez. El progreso de maduración nunca se detiene.

Algunos ministerios en la iglesia, en la mayoría de los casos, se asignan a los cristianos maduros. Algunas puestos de liderazgo, consejería y enseñanza requieren además un nivel más alto de madurez. En la mayoría de los casos, los cristianos maduros tendrán que aprender durante su vida algunas lecciones que los harán madurar y los harán más estables. Lo importante es seguir avanzando y construyendo sobre lo que ya hemos alcanzado.

No es vergonzoso ser un bebé recién nacido, pero algo está mal cuando después de años de experiencia las personas continúan usando sus biberones y chupetes. Es una buena idea medir con regularidad nuestro nivel de madurez.

Pregunta para reflexionar: ¿Está usted creciendo en madurez espiritual?

69
El propósito de la muerte de Cristo

"En otro tiempo ustedes, por su actitud y sus malas acciones, estaban alejados de Dios y eran sus enemigos. Pero ahora Dios, a fin de presentarlos santos, intachables e irreprochables delante de él, los ha reconciliado en el cuerpo mortal de Cristo mediante su muerte" (Colosenses 1:21-22).

¿Estuvo alguna vez bajo sospecha por algo? Que piensen que somos culpables de algún delito es un sentimiento terrible. En el caso del pecado, no sólo estamos bajo sospecha sino que también somos culpables. ¡Todos hemos pecado! Eso hace nuestra nueva posición en Cristo aun más increíble, porque ahora estamos reconciliados con Dios y libres de sospecha.

¡Qué contraste hay en este versículo! Comienza con la afirmación de que estamos alejados de Dios, luego que somos enemigos de Él, después procede a la reconciliación, llega a declarar que somos hechos santos, y termina declarándonos libres de acusación. Hace un recorrido desde un comienzo muy triste para llevarnos hasta la meta final, en el cual no existe la más mínima posibilidad de acusación.

Se nos recuerda, una vez más, que todas las maravillosas bendiciones que se encuentran en este versículo se compraron con la muerte de Cristo. Esa es la fuente de todas nuestras bendiciones y beneficios.

Este es un pensamiento interesante: Cuando Dios nos prepara para presentarnos santos, somos libre de acusación. ¿Quién quería acusarnos? ¿Satanás? ¿Otro ser humano que sea nuestro enemigo? La idea es que hemos sido juzgados y aprobados por Dios, el resto de las opiniones son irrelevantes. Si Dios no nos condena, no importa lo que otros digan. El derecho a juzgar pertenece exclusivamente a Dios, quien ve nuestros corazones y conoce nuestros motivos e intenciones. No tenemos por qué preocuparnos por las acusaciones de otras fuentes. Estar bien ante los ojos de Dios es todo lo que importa. Sólo Dios tiene la palabra final en relación a nuestra justicia.

La libertad de las acusaciones nos libera. Esto nos hace recordar la conversación que Jesús tuvo con la mujer adúltera acusada, que podemos leer en Juan 8:4-11. Jesús había escrito algo en la tierra que hizo que los acusadores se fueran. "Tampoco yo te condeno. Ahora vete, y no vuelvas a pecar" (v. 11*b*). Ella quedó libre de acusación.

Pregunta para reflexionar: ¿Cómo afecta su comportamiento la nueva libertad que posee en Cristo?

70

Preparados para el regreso de Cristo

"Que los fortalezca interiormente para que, cuando nuestro Señor Jesús venga con todos sus santos, la santidad de ustedes sea intachable delante de nuestro Dios y Padre"
(1 Tesalonicenses 3:13).

El regreso de Cristo ha sido tema de especulación durante miles de años. Muchos cristianos viven preocupados con preguntas en relación al dónde, cuándo y cómo Cristo regresará a la tierra. Este asunto se trata en un incalculable número de sermones, libros y películas. Sin embargo, la pregunta más importante en relación al regreso de Cristo es poco comentada; nos referimos a, ¿cómo debemos estar preparados para su regreso?

No son determinantes las diferencias sobre cuándo pasará o las circunstancias que lo acompañarán, pero sí es de tremenda importancia el hecho de estar, o no, listos cuando Cristo regrese. Es muy importante que entendamos la única condición que se aceptará en ese día. Este pasaje responde a esa pregunta con claridad: "la santidad de ustedes sea intachable".

Intachable significa que no debemos tener culpa. La culpa resulta del pecado voluntario. Sólo se puede remediar por el perdón que resulta en la justificación. La santidad resulta de la limpieza, la cual es obra del Espíritu Santo. Ambos pasos son importantes. Intachables significa que ya no somos responsables por los pecados cometidos en el pasado. La santidad nos da derecho a entrar en el cielo donde no se permitirá nada que contamina (véase Apocalipsis 21:27).

Tome nota, cuando Cristo regrese vendrá con todos los santos que marcharon antes. Se los describe como "todos sus santos" ¿No es esta afirmación una evidencia de que todos los que fueron al cielo eran gente santa?

Este versículo es una oración que Pablo realizó para aquellos a quienes dirigió la carta. Pide que Dios les dé fuerzas para estar listos. Esta fortaleza es necesaria para lograr la firme determinación de permanecer firmes hasta el final, no caer cuando somos tentados y no darnos por vencidos en la batalla. Los recursos son adecuados y están disponibles para que nosotros estemos listos para cuando Él regrese o nos llame. La cuestión es que no tenemos manera de saber cuándo regresará. Sin embargo, esto no será ningún problema si vivimos en continua santidad.

Pregunta para reflexionar: ¿Qué necesita hacer para estar listo cuando Cristo regrese?

71
La voluntad de Dios

"La voluntad de Dios es que sean santificados; que se aparten de la inmoralidad sexual; que cada uno aprenda a controlar su propio cuerpo de una manera santa y honrosa"
(1 Tesalonicenses 4:3-4).

¿Intenta usted encontrar y seguir la voluntad de Dios para su vida? La mayoría de cristianos diría que sí. Lo que quieren decir es que intentan encontrar y entrar en el camino o la vocación que Dios tiene en mente para ellos. O, tal vez, que están encarando una decisión importante en sus vidas y quieren escoger la que agrada más a Dios. Pero aún hay otra forma de pensar sobre la voluntad de Dios, una que procura su santificación. No existe nada más importante en la vida que encontrar y llevar a cabo la voluntad de Dios. Su voluntad se refiere a varias categorías: (1) Su voluntad para usted en una situación específica. Ejemplo: su vida laboral o con quién debe casarse. (2) Su voluntad permisiva. Ejemplo: Lo que Él permite pero no requiere. (3) Su voluntad general. En los dos primeros casos, su voluntad puede ser diferente para cada persona. En el tercero, es igual para todos.

En algunos casos, puede no ser fácil determinar su voluntad, pero, en otros casos sí lo es, pues Dios lo señala de manera precisa y clara en su Palabra. En dos temas fundamentales no puede haber errores. (1) Dios quiere que todos sean salvos (véase Mateo 18:14). (2) Él quiere que todos sean santificados (vuelva a leer 1 Tesalonicenses 4:3-4). Puesto que expresa su voluntad de manera tan clara en su Palabra, obedecerla es asunto de extrema importancia y cada cristiano debe preocuparse en cumplirla.

Sería una gran tontería rechazar la voluntad de Dios. Después de todo, es nuestro Creador. Por lo tanto, tiene el derecho a reclamar nuestra obediencia. También debemos considerar el propósito de su voluntad, que es bendecirnos, permitirnos lograr lo mejor para nosotros y prepararnos para entrar al cielo.

Cuando Dios dice, "Te quiero santificar," ¿qué razón válida podríamos tener para ignorar o rechazar su deseo? El rechazo de su voluntad se debe a que creemos que nuestro conocimiento es superior al suyo o a que estamos en abierta rebelión contra su voluntad. Ambas excusas son irracionales. La única respuesta razonable a la voluntad de Dios es: "Señor, quiero que tu voluntad se cumpla en mi vida". No alcanzar la santidad de corazón es una manera segura de desconocer la voluntad de Dios. Sería una tragedia perderla, dado que la voluntad de Dios es siempre lo mejor para nosotros. Usted no puede lograr nada mejor para su vida que la voluntad de Dios.

Pregunta para reflexionar: ¿Cuál es la voluntad de Dios para su vida?

72
El llamado a una vida santa

"Dios no nos llamó a la impureza sino a la santidad; por tanto, el que rechaza estas instrucciones no rechaza a un hombre sino a Dios, quien les da a ustedes su Espíritu Santo"
(1 Tesalonicenses 4:7-8).

¿Cómo llegó a ser cristiano? ¿Encontró a Dios, o Dios lo encontró a usted? En este punto, la mayoría de nosotros admitiría la verdad de que estábamos lejos de Dios y Él tomó la iniciativa de buscarnos. Somos hechos santos por la iniciativa de Dios. Él no espera que nosotros busquemos ciegamente; nos llama. Su convocatoria llega de varias maneras. Por medio de su Palabra, por la influencia del Espíritu Santo y por los siervos que predican. Podemos rechazar su llamado desde cualquiera de estas fuentes. Pero el llamado viene de Dios, y rechazarlo implica rechazar a Dios directamente. Todos deberían pensar con mucha seriedad antes de resistir un llamado que proviene del cielo. Rechazar la convocatoria de Dios a la santidad es rechazar el cielo ¿Quién querría hacer esto?

Este llamado es más profundo que una simple suscripción a una doctrina o credo. Es un llamado a una transformación radical. Empieza con una transformación interna –una limpieza, un cambio de naturaleza. Luego se manifiesta en nuestro diario vivir. Si no afecta nuestra manera vivir no es válido.

Pedimos con frecuencia a las personas que describan en una palabra el tipo de vida que quieren vivir. Las respuestas han sido muchas y variadas: feliz, próspera, placentera, etc. Rara vez escuchamos la palabra "santo". Sin embargo, este es el estándar para todo cristiano. ¿Puede decir que vivir en santidad es la mayor aspiración en su vida? En cuanto a Dios se refiere, esta es la única respuesta adecuada. No hay otra manera de agradarle.

Un comentario interesante aparece en el siguiente capítulo "El que los llama es fiel, y así lo hará" (5:24). Esto nos asegura que Él que nos llama hará su parte en aquel que responda. Si desea en su corazón vivir una vida santa, puede contar con la ayuda de Dios. El Señor le ha llamado y también le ayudará a conseguirlo.

Pregunta para reflexionar: ¿Ha respondido al llamado de Dios a la santidad?

73
Un trabajo minucioso

"Que Dios mismo, el Dios de paz, los santifique por completo, y conserve todo su ser –espíritu, alma y cuerpo– irreprochable para la venida de nuestro Señor" (1 Tesalonicenses 5:23).

El Espíritu Santo no sanará sólo de manera parcial la profunda herida espiritual que le causó el pecado. Él realizará en su vida una obra completa. El texto usa un lenguaje poderoso para expresar lo profundo, radical y completo de la obra del Espíritu Santo en el corazón humano. No es casual, superficial, medio corazón u operación parcial. Es como una gran operación que llega hasta la raíz del problema y lo resuelve.

"Los santifique por completo" sugiere una acción que es completa y efectiva. Santidad y pecado son incompatibles. No pueden coexistir simultáneamente en el mismo corazón. Remedios parciales no son aceptables. Dios no trata con fantasías. Sus soluciones son reales y tratan con efectividad el problema.

Dios no sólo trata con la dimensión "profunda" del problema sino que también lo hace con lo que llamamos la dimensión "ancha". Él incluye "espíritu, alma y cuerpo". Esta frase abarca todo lo que existe en una persona. Es razonable esperar que la solución de Dios tocase las tres dimensiones del ser humano.

Todo lo que Dios hace lo realiza de manera excelente y generosa. Esto es obvio en la creación. Esta característica de su naturaleza también está incluida en la salvación que planificó para la humanidad. El autor de Hebreos lo describió como "Salvación grande". Va mucho más allá de tratar simplemente los síntomas.

Su gracia es suficiente para solucionar el problema del pecado por completo. "... Pero allí donde abundó el pecado, sobreabundó la gracia" (Romanos 5:20).

Pregunta para reflexionar: ¿Ha permitido que Dios realice una obra completa en su vida?

74
La obra santificadora del Espíritu Santo

"Nosotros, en cambio, siempre debemos dar gracias a Dios por ustedes, hermanos amados por el Señor, porque desde el principio Dios los escogió para ser salvos, mediante la obra santificadora del Espíritu y la fe que tienen en la verdad"
(2 Tesalonicenses 2:13).

Si tiene un garaje, tal vez en alguna ocasión tuvo que dedicarse a la esforzada tarea de limpiarlo. Quizá lo hizo en varias etapas hasta completar la tarea. Primero, habrá sacado todo. Después, habrá limpiado todo el garaje. Luego, habrá colocado todo lo útil y valioso otra vez en el interior. Un proceso así pudo llevarle varias horas, hasta días, de hecho la limpieza es una tarea continua.

De allí en adelante, seguramente tendrá más cuidado en mantener el garaje bien limpio para no perder todo el esfuerzo invertido en su trabajo. De la misma manera, la obra del Espíritu Santo para santificarnos no es en un solo acto, y una vez realizado ya estamos listos para el resto de nuestra vida. Entendida correctamente la obra santificadora es tanto un proceso como un acto definitivo, u obra, de Dios.

Dios trabajará con diferentes personas en distintos modos. Sabemos que su trabajo siempre es el mismo en hechos y resultados. Es un acto instantáneo de Dios (como el nuevo nacimiento o el bautismo del Espíritu Santo). Nosotros lo llamamos "entera santificación" cuando se limpia el corazón de la naturaleza pecaminosa con el bautismo del Espíritu Santo, es en ese punto que el problema del pecado se resuelve.

Es siempre un proceso por el cual Dios trabaja en cada uno de nosotros y nos lleva al lugar donde finalmente podemos ver la necesidad de morir a nuestro egocentrismo. Después que el Espíritu Santo nos limpia de todo pecado, continúa el proceso de caminar en la luz, madurando en nuestra relación con Cristo. Toda esta obra la realiza el Espíritu Santo. No hay salvación fuera del Espíritu Santo. Él ejecuta la obra de Dios en nosotros desde el principio hasta el final.

Es el Espíritu Santo quien nos infunde la nueva vida espiritual en respuesta a nuestro arrepentimiento y fe en Cristo. Pero esto es un prerrequisito para el siguiente paso de santificación, que es la limpieza de la naturaleza pecaminosa. Técnicamente, la santificación inicial empieza en el nuevo nacimiento y después llega a ser "entera" cuando se limpia la naturaleza pecaminosa y el Espíritu y su llenura moran en el corazón.

El texto también añade otra declaración a la obra del Espíritu Santo: "fe que tienen en la verdad". Esto no quiere decir que quien busca santidad debe entender por completo toda la complejidad teológica de la obra del Espíritu Santo para obtenerla y disfrutarla.

Pero es cierto que se hace más fácil buscar la experiencia cuando esta tiene un sentido racional o lógico. Esto proviene de una búsqueda sincera y cuidadosa en la Palabra de Dios, y del piadoso consejo de quienes lo han experimentado y predicado. Es difícil para una persona buscar una experiencia donde existen dudas sobre su realidad.

Pregunta para reflexionar: ¿En qué parte del proceso de santificación se halla usted?

75
ÚTIL PARA EL SERVICIO

"En una casa grande no sólo hay vasos de oro y de plata sino también de madera y de barro, unos para los usos más nobles y otros para los usos más bajos. Si alguien se mantiene limpio, llegará a ser un vaso noble, santificado, útil para el Señor y preparado para toda obra buena" (2 Timoteo 2:20-21).

¿Cuál es el propósito de mi vida? Casi todas las personas se hacen esta pregunta en algún momento de su existencia. Grandes preguntas como esas –que plantean la necesidad de procurar una respuesta en verdad significativa– son temas de cursos de filosofía y novelas dramáticas. Sin embargo, la Palabra responde a esta pregunta de manera contundente y clara. La vida en este mundo tiene dos propósitos fundamentales.

El primer propósito es cumplir con los requisitos para ser salvos, que hacen posible que una persona llegue al cielo. La vida es un periodo de prueba en el cual la persona debe tomar decisiones y tomar acciones que determinarán su destino. Esto es de suprema importancia. Sin embargo, hay algo más que esto.

Un segundo propósito para la vida es que Dios ha determinado llevar sus planes y propósitos en este mundo por medio de la iglesia –su gente santa. Es interesante que la preparación para ambos propósitos es la misma: limpieza y "santificación". Para llegar a ser un instrumento de nobles propósitos, útil para el Maestro y preparado para hacer toda buena obra se requiere santidad.

Son varias las razones de esta exigencia. Para empezar, Dios no puede confiar en una persona con naturaleza pecaminosa para avanzar con su obra. Sus instrumentos necesitan estar limpios de la misma manera que un cirujano no podrá operar con instrumentos contaminados. Si un cirujano lo intenta, sólo extenderá la enfermedad y aumentará infecciones. No se puede confiar en la naturaleza pecaminosa.

Además, la naturaleza pecaminosa es destructiva e impredecible. Es imposible saber lo que hará, como reaccionará ante las circunstancias o desafíos. Hay demasiadas posibilidades de que esta naturaleza pecaminosa crezca y, llegado el momento, se manifestará en ira, amargura, celos, egocentrismo y muchas otras actitudes destructivas que causarán estragos en la iglesia.

También entendemos que la obra de Dios requiere un poder que va más allá de todo recurso humano. El poder requerido proviene del Espíritu Santo que mora en nosotros. "... No será por la fuerza ni por ningún poder, sino por mi Espíritu –dice el Señor Todopoderoso" (Zacarías 4:6). Si quiere ser un instrumento útil para el maestro, busque la llenura del Espíritu Santo.

Pregunta para reflexionar: ¿Cuál es el propósito de su vida? ¿Ya lo alcanzó?

76
Cómo vivir en el tiempo presente

"En verdad, Dios ha manifestado a toda la humanidad su gracia, la cual trae salvación y nos enseña a rechazar la impiedad y las pasiones mundanas. Así podremos vivir en este mundo con justicia, piedad y dominio propio, mientras aguardamos la bendita esperanza, es decir, la gloriosa venida de nuestro gran Dios y Salvador Jesucristo. Él se entregó por nosotros para rescatarnos de toda maldad y purificar para sí un pueblo elegido, dedicado a hacer el bien" (Tito 2:11-14).

Vivimos un tiempo donde predomina la malicia. Esto no es algo nuevo, dado que el pecado ha trazado un sendero de destrucción en el mundo durante toda la historia de la humanidad. Pero, por cierto, parece empeorar en nuestra sociedad. Mientras que los valores morales se hacen a un lado, la maldad parece crecer como un gran río que corre furioso y destructivo. La pregunta es: ¿Cómo debemos vivir en un tiempo como este?

Tito nos da un par de pautas. Para empezar, debemos a aprender a decir "¡NO!" a lo mundano y a las pasiones del mundo. Es bastante sencillo; diga "¡NO!" Debemos oponernos y permanecer firmes ante el espíritu presente de esta época. ¡No debemos ser absorbidos por él! La gracia de Dios es suficiente para mantenernos limpios de la suciedad y corrupción que nos rodea. Como Jesús nos recordó, estamos en el mundo, pero no debemos dejar que el mundo nos domine.

Él menciona que los tiempos requerirán que nos ejercitemos en algo de disciplina y autocontrol para mantener vidas rectas y santas. Con la ayuda que Dios nos ofrece, lo podemos hacer.

Debemos recordar que el tiempo malo que vivimos en el presente es sólo temporal. Vivimos con la bendita esperanza de que nuestro Señor aparezca y cambie todo. Esto debe animarnos para "seguir firmes". ¡Lo que viene es mucho mejor! ¡Estamos del lado del vencedor! ¡La victoria es segura!

Pregunta para reflexionar: ¿Qué tan firme es usted en decir "NO" a las pasiones que este mundo ofrece?

77
Dos pasos hacia la santidad

"Pero cuando se manifestaron la bondad y el amor de Dios nuestro Salvador, él nos salvó, no por nuestras propias obras de justicia sino por su misericordia. Nos salvó mediante el lavamiento de la regeneración y de la renovación por el Espíritu Santo, el cual fue derramado abundantemente sobre nosotros por medio de Jesucristo nuestro Salvador" (Tito 3:4-6).

A la mayoría de nosotros nos gustan los resultados instantáneos para casi todo, y nos impacientamos con lo que parece llevar más tiempo de lo necesario. "¿Puedo enviarle este documento por correo electrónico?, me ahorraría el viaje". "¿Puede cambiar el aceite de mi automóvil al mismo tiempo que alinea las llantas? Será más rápido". "¿Por qué tengo que cepillarme los dientes y enjuagarme la boca?" Parece que siempre estamos apurados. Así llegamos a plantear la pregunta, ¿Por qué Dios no completa la obra de limpiarnos de la naturaleza pecaminosa en el momento de la salvación? Bueno, Dios no tiene limitaciones para hacerlo posible, nosotros las tenemos. Estas dos obras de Dios son tan diferentes en cuanto a la naturaleza y las condiciones requeridas, que es psicológicamente imposible para una persona comprender la necesidad y dar estos dos pasos en forma simultánea. Comparemos las dos experiencias.

EL PROBLEMA

Nuevo Nacimiento: La culpa surge como resultado de los pecados voluntarios cometidos.

Entera santificación: La depravación llegó como resultado de la caída de la raza humana.

Comparación: Dos problemas totalmente diferentes.

LA SOLUCIÓN

Nuevo Nacimiento: La culpa se resuelve sólo por medio del perdón.

Entera santificación: La depravación debe tratarse por medio de la limpieza de la naturaleza pecaminosa.

Comparación: Dos soluciones totalmente diferentes.

LOS REQUISITOS

Nuevo Nacimiento: Arrepentimiento de pecados y fe en Cristo.

Entera santificación: Una consagración completa que permite al Espíritu Santo llenarnos y tomar el control de nuestra vida.

Comparación: Dos requisitos totalmente diferentes.

RESULTADOS

Nuevo Nacimiento: Justificación (perdón).

Entera santificación: Un corazón puro.

Comparación: Dos resultados totalmente diferentes.

La doble naturaleza del pecado hace necesarias dos soluciones diferentes. La culpa se resuelve con el perdón. La naturaleza pecaminosa se resuelve solo con una limpieza profunda. Es importante que ocurran en la secuencia correcta. Una consagración total es la condición para la limpieza, no puede pasar mientras estemos bajo condenación por los pecados cometidos. Si así no fuera, tendríamos que consagrar una vida de pecado. ¡Esto es inimaginable!

Cuando el Espíritu Santo hace su trabajo de convencernos de pecado (al hacernos conscientes de nuestra culpabilidad por los pecados cometidos y de nuestra condición de estar perdidos por esta causa), se transforma en una carga abrumadora. Así, comenzamos a enfocarnos en la necesidad de eliminar esa carga. Sólo después descubrimos que aunque la culpa ya no existe, existe todavía un conflicto dentro de nosotros. Puede ser descrito como una "guerra civil". Se trata de una inclinación hacia lo malo que va en contra de nuestras buenas intenciones.

En este momento reenfocamos nuestras atención hacia la necesidad de ser libres de esta tendencia hacia el pecado.

Podemos comparar esta situación con la de un automóvil cuya dirección está desalineada. Es una lucha mantenerlo en la carretera porque tira constantemente hacia el costado de la misma. La dirección del vehículo requiere alineación para conducir con facilidad y en paralelo en dirección a las líneas blancas (santidad).

Pregunta para reflexionar: ¿Ha recibido usted la segunda obra de gracia?

78
El descanso para el pueblo de Dios

"Por consiguiente, queda todavía un reposo especial para el pueblo de Dios; porque el que entra en el reposo de Dios descansa también de sus obras, así como Dios descansó de las suyas. Esforcémonos, pues, por entrar en ese reposo, para que nadie caiga al seguir aquel ejemplo de desobediencia"
(Hebreos 4:9-11; Véase también Salmos 95:7-8).

¡Ah, fines de semana! Parece que cada trabajador siente la necesidad de que llegue el viernes, el fin de la semana de trabajo y el comienzo oficial del reposo y la recreación.

¿No sería extraño si alguien desarrollara el hábito de trabajar duro toda la semana y nunca descansara? La vida se puede convertir en trabajo pesado, y nos perderíamos una hermosa experiencia, el sábado de reposo.

El sábado de reposo fue creado por Dios para su pueblo como una experiencia física a la vez que espiritual. Los teólogos creen que este descanso ocurre cuando una persona deja de luchar para obtener la santidad por medio de sus propios esfuerzos y se rinde para permitir que Dios lo haga a su manera. Antes de esta entrega había un conflicto constante y una lucha frustrante entre ambas naturalezas opuestas. Pablo lo describe en Romanos 7. Hay dos fuerzas opuestas en el corazón. El lado que quiere obedecer a Dios, pero también está presente la naturaleza pecaminosa que se opone: ¡Una batalla! Las dos fuerzas son incompatibles. No pueden coexistir pacíficamente. Sólo una puede triunfar sobre la otra. Es una lucha a muerte.

Pero cuando por fin obtenemos la victoria experimentamos una paz que sobrepasa todo entendimiento. La guerra termina, y es el tiempo de descansar –descanso de nuestras propias obras y de ese conflicto interno continuo.

Este estado espiritual de descanso es tan deseable y beneficioso que la Palabra nos insta diciendo, "esforcémonos" para entrar en él. No importa cuál es el costo, vale la pena. Es en realidad un anticipo del descanso que tendremos en el cielo donde los poderes de la maldad y conflicto serán destruidos para siempre. Este estado de descanso produce un efecto que se transforma en la protección necesaria contra la caída en desobediencia.

Se llama sábado de reposo porque se lo compara con la creación. Después que completó la obra de creación, coronó su trabajo con la provisión de un descanso para su pueblo. El día de descanso se consigue por medio de la entera santificación en esta vida, pero será un estado permanente en el cielo.

Pregunta para reflexionar: ¿Experimenta el sábado de reposo que Dios estableció para usted?

79
Hacia la madurez

"Por eso, dejando a un lado las enseñanzas elementales acerca de Cristo, avancemos hacia la madurez. No volvamos a poner los fundamentos, tales como el arrepentimiento de las obras que conducen a la muerte, la fe en Dios, la instrucción sobre bautismos, la imposición de manos, la resurrección de los muertos y el juicio eterno. Así procederemos, si Dios lo permite" (Hebreos 6:1-3).

A todas las personas les gustan los bebés, porque con su llegada traen gozo al mundo. Su presencia es suficiente para hacer que los niños rían, los padres sonrían y los abuelos rebosen de alegría.

Se experimenta el mismo gozo cuando se forma una nueva vida en Cristo. La llegada de una "bebé cristiano" trae gozo a la tierra y celebración en el cielo. Sin embargo, sabemos que los bebés no serán infantes por mucho tiempo. Sería extraño ver a un bebé de 10 años. De la misma manera, los cristianos nuevos deben continuar hacia "adelante" a la madurez –algo está mal cuando esto no ocurre.

Toda iglesia saludable necesita tener cristianos en cada uno de los niveles de desarrollo. Si todo creyente se quedase en el mismo nivel de infancia espiritual, ¿quiénes serían los maestros? Pablo estaba frustrado con algunos que ya debían ser maestros y aún necesitaban que se les enseñara las verdades más elementales (5:12). La iglesia necesita cristianos fuertes que lleguen a ser los pilares espirituales que la sostengan.

Es bueno que, cada tanto, todos nosotros observemos nuestro crecimiento espiritual. Puede preguntarse, ¿Dónde me encuentro en mi crecimiento espiritual en relación al año pasado? O, ¿Hace cuánto que soy salvo? ¿No es tiempo para que busque ser enteramente santificado? He observado que el transcurso entre la salvación inicial y la entera santificación es por lo general más prolongado de lo que debe ser.

Me uno a las palabras de Pablo, "vamos adelante a la perfección".

Pregunta para reflexionar: ¿Cuál es el estado de su progreso en el crecimiento hacia la madurez en Cristo?

80
Salvación completa

"Por eso también puede salvar por completo a los que por medio de él se acercan a Dios, ya que vive siempre para interceder por ellos" (Hebreos 7:25).

¿Puede imaginar a un guardavida que va al rescate de un hombre en peligro de ahogarse y solo lo lleva hasta la mitad del camino hacia la orilla, y después comienza a jactarse sobre cómo lo salvó? ¿O un bombero que entra en un edificio ardiendo, recoge a un niño asustado, y lo abandona a medio camino en la salida de la casa en llamas? ¡Esto sería impensable! Para que el rescate se realice, se debe llevar a la persona hasta un lugar seguro.

Asimismo sucede con la salvación del pecado. La palabras "salvación" o "salvo" llevan la idea de rescate. En este sentido, cualquier salvación que sea parcial o incompleta no puede considerarse salvación. El autor de Hebreos menciona aquí de cómo Cristo es capaz de salvar por completo. Normalmente nos referimos a él como el evangelio de la completa salvación. Provee una salvación que en verdad nos rescata del mal. La completa salvación trata con el problema del pecado en todas sus formas y nos libra de ellas. Una salvación que nos deja en pecado es una contradicción de términos.

La salvación de Dios es perfecta. No le falta nada. No hay manera de ser "más salvo".

Todo lo que sea menos que la salvación completa no es digno de nuestro Dios o de la obra de Cristo en la cruz. Al estudiar la Biblia, descubrirá que la terminología sostiene el concepto de salvación máxima. Debemos regocijarnos mucho en este hecho y asegurarnos que cuando hablamos de la salvación, la presentamos en toda su gloria.

La salvación completa cubre todo el pecado de toda la gente. Es una solución completa a nuestro mayor problema. No hay manera de mejorar el plan de Dios para nuestro rescate. No existen atajos, ni excepciones. Las provisiones son totalmente eficaces. No falta nada, nada que no haya sido provisto.

Pregunta para reflexionar: ¿Está usted totalmente a salvo del pecado?

81
El ser hecho santo

"Porque con un solo sacrificio ha hecho perfectos para siempre a los que está santificando" (Hebreos 10:14).

"¿Cuánto falta para llegar?" Todo padre escucha decir al menos un par de veces esas palabras durante un largo viaje en la carretera. Los niños se impacientan y prestan poca atención a las señales que aparecen durante el viaje. Nosotros, también podemos ser impacientes para la entera santificación como si esto fuera el fin del camino. En realidad, la santificación es un camino que durará por la eternidad, y hay varias señales importantes a lo largo del trayecto.

La santidad de corazón empieza en el momento que la persona se aparta del pecado por medio del arrepentimiento y su fe en Cristo, este es el primer paso en el proceso. La santidad de corazón da otro gran paso hacia delante cuando el Espíritu Santo limpia el corazón de la naturaleza pecaminosa en la entera santificación. En este punto la obra del Espíritu Santo es perfecta y completa en relación al pecado del corazón.

Sin embargo, su tarea aún no terminó. Él continuará trabajando con nosotros en el proceso de llevarnos a ser más como Cristo. Esto es también parte del proceso "a los que está santificando". Dura toda la vida y sucede de diferentes maneras.

Mientras avanzamos, conseguiremos más conocimiento sobre Dios y la Biblia. Mientras lo hacemos, de alguna manera, lo que aprendemos nos enseña a modificar nuestro comportamiento. Esto no quiere decir que hemos resbalado y necesitamos ser salvos de nuevo. La Biblia se refiere a esta experiencia como "caminar en la luz". Significa continua obediencia. A pesar de que nuestra limpieza fue completa en el bautismo del Espíritu Santo, necesita mantenerse actualizada por medio de una obediencia continua. Es en este sentido que Cristo nos "está santificando".

Luego, están las pruebas y demandas que vienen de Dios. Nos encontramos en situaciones en las cuales Dios prueba nuestra lealtad. Esto le sucedió a Abraham cuando Dios probó su fe a fondo, dado que le pidió que sacrifique a su hijo Isaac. También le sucedió a Job en el lecho de la aflicción cuando perdió todas sus posesiones. Los momentos de prueba pueden resultar en dos maneras opuestas: pueden acabar bien cuando respondemos de la manera correcta, o, podemos fallar en la prueba. Si tenemos éxito en el tiempo de prueba nos hará más fuertes. Por medio de la experiencia podemos decir que estamos continuamente siendo santificados.

Nuestra santidad no está garantizada porque ya la hayamos alcanzado en un momento determinado. Al caminar en la luz la limpieza será continua y, por medio de las experiencias de la vida, continuaremos siendo santificados.

Pregunta para reflexionar: Para usted, ¿la santidad la ve como una meta o como un camino?

82

El propósito de la disciplina de Dios

"En efecto, nuestros padres nos disciplinaban por un breve tiempo, como mejor les parecía; pero Dios lo hace para nuestro

> *bien, a fin de que participemos de su santidad. Ciertamente, ninguna disciplina, en el momento de recibirla, parece agradable, sino más bien penosa; sin embargo, después produce una cosecha de justicia y paz para quienes han sido entrenados por ella"* (Hebreos 12:10-11).

Podemos debatir sobre cuál es la mejor forma de corregir a nuestros hijos, si con una paliza o privándolos por un tiempo de algo que les agrada. Pero, seguramente, todos estaremos de acuerdo en que los padres deben disciplinar a sus hijos de alguna manera. Los padres que aman a sus hijos se preocupan por su desarrollo y ejercen cierta disciplina para corregir y formar apropiadamente su carácter. Su Padre celestial hace lo mismo.

Los padres terrenales, por supuesto, tienen un juicio humano limitado. Algunas veces están en lo correcto y en otras ocasiones pueden ser injustos y abusivos. "Pero Dios" es diferente. Él nunca se equivoca y siempre actúa a nuestro favor. Su objetivo para nosotros es bueno siempre.

Algo para nosotros es mejor que todo lo demás: "participar de su santidad". Existe sólo una fuente de santidad. Se encuentra exclusivamente en Dios. La única manera de poder alcanzarla es que Él la comparta con nosotros (que la imparta). Eso es lo mejor que le puede pasar a un ser humano. No hay mayor regalo que "participemos de su santidad".

Es verdad que la disciplina de Dios no es siempre una experiencia placentera. Algunas veces puede ser dolorosa, como el bisturí de un cirujano cuando se usa para restaurar la salud física. El único motivo que Dios tiene al guiarnos es llevarnos al lugar donde puede darnos de su santidad. Puede demandar renunciar a cosas impuras que son incompatibles con su santidad. "Participar de su santidad" quiere decir que dejemos que su santidad sea parte de nosotros. Literalmente se transforma en la limpieza de nuestra naturaleza humana.

El resultado final de ser entrenado en su disciplina es "una cosecha de justicia y paz". Una vez más vemos que el plan de Dios acarrea resultados maravillosos para su pueblo. Sin duda, ¡Dios es bueno!

Debemos apreciar y ser agradecidos por la disciplina de Dios "porque el Señor disciplina a los que ama y azota a todo el que recibe como hijo" (v. 6).

Pregunta para reflexionar: ¿En qué formas le ha disciplinado Dios?

83
El requisito final

"Busquen la paz con todos, y la santidad, sin la cual nadie verá al Señor" (Hebreos 12:14).

La Biblia contiene muchos pasajes escritos en diferentes formas literarias. Hallamos poesía en Salmos y en otros libros. Muchos libros del Antiguo Testamento son narrativas históricas. Jesús narró historias ficticias llamadas parábolas y Pablo escribió cartas. Algunas porciones de la Biblia pueden parecer difíciles de entender y requieren una interpretación cuidadosa; sin embargo, otras son extremadamente claras. Este pasaje de Hebreos es un ejemplo. Habla de un principio vital y lo declara en términos muy precisos. Sin santidad, ninguno verá al Señor.

Entendemos "verá al Señor" como el momento en el que entramos a su eterna morada. Esta preparación es el propósito principal de la vida en este mundo. ¿Cuál es el requisito básico para poder ver a Dios?

Está expresado de manera tan diáfana y en términos tan sencillos, que no nos podemos equivocar, es sencillo hasta para un niño. Sólo algo es absolutamente indispensable; sin ello no entraremos a la presencia de Dios: ¡La santidad!

Es evidente que el propósito original de Dios en la creación era la de disfrutar de una relación de amor, armonía y comunión con la humanidad. Esto puede ser posible únicamente donde hay ausencia de conflicto. Dios nos creó para aquel propósito, pero nuestra rebelión y desobediencia introdujo el conflicto y causó nuestra separación de Dios. La única manera de revertir esta situación es recuperar la semejanza de Dios –poseer su misma naturaleza elimina el conflicto.

El objetivo de cada acción que Dios en la redención, fue para abrir la puerta a la restauración de la relación original. Su plan es crear una nueva raza para tener comunión para siempre en el cielo.

Algo es claro: nada pecaminoso entrará al cielo. No habrá excusas, no habrá ruegos, regateos, lágrimas o cualquier otro recurso que le permita pasar las puertas de perlas del cielo si no posee un corazón puro. Una naturaleza pecaminosa arruinaría el cielo y Dios no se arriesgará de esta manera.

La misma obra de Dios que nos prepara para vivir en victoria en este mundo nos prepara también para el examen de entrada al cielo.

Pregunta para reflexionar: ¿Se halla usted en condiciones para ver al Señor?

84
El objetivo de la muerte de Cristo

"Por eso también Jesús, para santificar al pueblo mediante su propia sangre, sufrió fuera de la puerta de la ciudad"
(Hebreos 13:12).

¿Por qué murió Cristo en la cruz? Podríamos citar muchos detalles y especulaciones teológicas. Pero este pasaje elimina toda idea superficial y va directo al meollo del asunto: Jesús murió para "santificar al pueblo". ¡Esta es la base de todo el plan de Dios! Él pagó el derecho a hacerlo al derramar su propia sangre. Su cruz es el centro de todo el esquema de la salvación.

Hay varios pasos, fases y acciones de Dios y del ser humano que hacen de la salvación una realidad, pero todo está relacionado con el plan de Dios de santificarnos. Santidad es la meta final del plan, de principio a fin. No hay una completa salvación hasta que se consigue la santidad de corazón. Juan declara, "... El Hijo de Dios fue enviado precisamente para destruir las obras del diablo" (1 Juan 3:8). A menos que se restaure la santidad, la obra del diablo no ha sido destruida.

Ezequiel 20:12 dice así en la Biblia de las Américas: "Yo soy el SEÑOR, el que los santifica". ¡Qué gran verdad! Esta es la verdadera y principal intención de Dios. Santidad fue su plan original en la creación. A pesar de que el plan fue temporalmente afectado por el pecado, Cristo, por medio de su muerte, abrió la puerta para hacer posible que seamos recreados de nuevo a su propia imagen.

La muerte de Cristo trajo muchos beneficios, pero el objetivo final es "santificar al pueblo".

Pregunta para reflexionar: ¿Comprendió la meta de Dios al enviar a su Hijo a la cruz?

85
La verdadera religión: Compasivo y sin contaminación

"La religión pura y sin mancha delante de Dios nuestro Padre es ésta: atender a los huérfanos y a las viudas en sus aflicciones, y conservarse limpio de la corrupción del mundo"
(Santiago 1:27).

¿Por qué algunos diamantes son más valiosos que otros? Se debe a un número de factores entre los que se incluyen el tamaño de la piedra, el corte y su color. Uno de los aspectos que determina el valor de un diamante es su diafanidad. Algunas piedras tienen partículas en su interior, pequeños trozos de impureza. Estas, aunque algunas veces son imperceptibles, afectan la transparencia de la piedra. Todo esto, ¿qué implica? Un diamante perfecto es el más deseado porque está libre de las partículas que afectan su brillo, por lo que deja pasar la luz casi en su totalidad.

Santiago, al definir la esencia de nuestra fe identifica dos factores que la hacen preciosa. Primero, la verdadera religión demanda un estilo de vida compasivo. La motivación por amor y debe expresarse en forma práctica. No es un simple sentimiento, demanda acción. Segundo, incluye el ser libre, y mantenerse libre, de la polución del pecado que nos rodea en este mundo.

Velar por los huérfanos y las viudas representa la práctica de los valores del cristianismo: amor, interés por otros y compasión. Todo esto no es válido hasta que no se ponga en práctica. Creer es más que aceptar un credo. Si el credo se basa en la verdad, nuestra creencia se debe validar al encarnarla en nuestras vidas.

Pero la verdadera religión es más que hacer lo bueno en toda ocasión. También debe resolver el problema de la corrupción (la polución o la depravación de nuestra naturaleza). Contaminación es todo aquello que no permite que algo sea puro. Si un envase dice en su etiqueta "agua pura", significa que no contiene nada más que agua pura. Si ponemos tierra en el envase de agua, dejará de ser pura.

El pecado, en cualquier forma, es un contaminante del espíritu humano. Degrada y contamina. La religión pura, como la ve Dios, debe evitar todo lo que la contamine.

A diario estamos rodeados por varios tipos de contaminantes que ejercen presión para afectar nuestras vidas. Llegan hacia nosotros de diferentes fuentes y disimulados con sagacidad para engañarnos. Debemos estar en constante vigilancia para no dejarnos contaminar por el mundo que nos rodea.

Pregunta para reflexionar: ¿Permanecen aún algunas partículas impuras en su corazón?

86
Inconstantes

"Así que sométanse a Dios. Resistan al diablo, y él huirá de ustedes. Acérquense a Dios, y él se acercará a ustedes. ¡Pecadores, límpiense las manos! ¡Ustedes los inconstantes, purifiquen su corazón!" (Santiago 4:7-8).

Cuando al novio, el día de su casamiento, estando de pie en el altar se le pregunta "¿Tomas a esta mujer como esposa?" Existe una sola respuesta correcta: "¡Sí!" Cualquier otra contestación, duda o equivocación, afectará la intención de unión. "Seguro, me parece que sí", no es lo que la novia desea escuchar. Cuando hablamos de matrimonio se trata de compromiso total o ninguno en absoluto.

Cuando nos sometemos a Dios debemos aplicar el mismo principio. Nuestra inconstancia no nos permitirá obtenerlo. Santiago tal vez recordó su propia experiencia previa, pero al intentar explicarlo tuvo que inventar una nueva palabra, "doblez de mente", es decir, inconstante. La usa en dos ocasiones en esta epístola (1:8 y 4:8). Esta palabra describe a la persona que está en la ambivalencia de dos grandes deseos. Por un lado, siente el deseo de amar, servir y serle fiel a Dios pero, al mismo tiempo, hay algo que es contrario a Dios y se eleva para oponerse al primer deseo. Pablo lo expresó de la siguiente manera: "Así que descubro esta ley: que cuando quiero hacer el bien, me acompaña el mal. Porque en lo íntimo de mi ser me deleito en la ley de Dios; pero me doy cuenta de que en los miembros de mi cuerpo hay otra ley, que es la ley del pecado. Esta ley lucha contra la ley de mi mente, y me tiene cautivo. ¡Soy un pobre miserable! ¿Quién me librará de este cuerpo mortal?" (Romanos 7:21-24).

Inconstancia significa inestabilidad, lealtad dividida y siempre produce un conflicto interno. Pero existe un remedio que requiere dos pasos: Los pecadores deben "limpiarse las manos" de su culpabilidad, y los inconstantes necesitan purificación de la naturaleza contraria a Dios.

La meta es llegar a ser constante, lo que implica vivir con un propósito único: amar y servir a Dios sin condiciones, sentir el deseo supremo de glorificarlo a Él, ser fiel y tener un corazón purificado que jamás comprometa nuestra lealtad. Aquí se encuentra la cura para "la doble personalidad".

Esta es la purificación de naturaleza pecaminosa opuesta a Dios. Una vez que este problema esté resuelto, la lucha interna terminará y la vida podrá vivirse con un solo propósito y enfoque.

Pregunta para reflexionar: ¿Tiene algún impedimento o reserva para someter todo su ser a Dios?

87

La razón del todo

"Más bien, sean ustedes santos en todo lo que hagan, como también es santo quien los llamó; pues está escrito: «Sean santos, porque yo soy santo»" (1 Pedro 1:15-16).

Si queremos algo bueno, por lo general toma un poco de tiempo. Una buena comida puede tomar horas de preparación. Una buena educación puede tomar años de estudio. Y la santidad –tu santificación– necesitó siglos para concretarse. Fue, de hecho, el plan de Dios desde el principio.

Este texto responde a algunas de las preguntas más importantes en relación al plan redentor de Dios: ¿Cuál es el objetivo final? ¿Cuál es la razón del mandamiento de Dios a que seamos santos? No es concepto distintivo del Nuevo Testamento pues aparece por primera vez en el libro de Deuteronomio. Dios fue muy preciso al establecer las razones de su plan para la humanidad desde el mismo principio. Se necesitó un tiempo para que su plan se desarrollara en toda su dimensión, pero las razones y los objetivos nunca cambiaron durante los siglos.

En una simple declaración Dios deja claro cuál es su deseo para nosotros: ¡Él quiere que seamos santos! No menciona otras demandas alternativas. Ninguna otra cosa agradará a Dios. Todo lo que Dios ha hecho por nosotros nos dirige hacia una meta única, alcanzar la santidad. Empezando con la creación, después por medio de la ley, los profetas, la cruz del calvario y el Pentecostés todo tuvo el propósito de llevarnos a una vida de santidad personal.

Pero una pregunta clave es: ¿Por qué Dios quiere que seamos santos? ¿Se complace Dios en experimentar una dominación tiránica sobre nosotros? ¿Está buscando una forma de esclavitud dura, cruel y degradante? ¡No, no, no! Mil veces no. Esas respuestas denotan qué tan errados podemos estar en cuanto al propósito de Dios. Él quiere que seamos santos porque Él es santo y desea tener una relación santa con cada uno de nosotros.

Son dos las razones para este deseo: (1) Dios quiere que seamos como Él es para que disfrutemos juntos en comunión. La comunión íntima que Dios busca con nosotros sólo acontece cuando termina todo el conflicto. A partir de ese momento poseemos los mismos intereses, motivos y naturaleza. (2) Dios nos ama tanto que quiere lo mejor para nosotros y sabe qué es lo mejor. No existe nada que sea mejor que la santidad. Él sabe que sólo la santidad nos guiará a una vida de bendición y satisfacción máximas.

Dios quiere mostrarnos su bondad y esa es la razón por la cual quiere que seamos santos. Dios no podría desear algo mejor que eso para nosotros. Nunca debemos temer a su plan, más bien debemos buscarlo con sinceridad.

Pregunta para reflexionar: ¿Qué tan diligente es usted en la búsqueda de santidad?

88
Participación en la naturaleza divina

"Su divino poder, al darnos el conocimiento de aquel que nos llamó por su propia gloria y potencia, nos ha concedido todas las cosas que necesitamos para vivir como Dios manda. Así Dios nos ha entregado sus preciosas y magníficas promesas para que ustedes, luego de escapar de la corrupción que hay en el mundo debido a los malos deseos, lleguen a tener parte en la naturaleza divina" (2 Pedro 1:3-4).

Los hijos, con frecuencia, son semejantes a sus padres. Algunas veces el parecido no es físico pero se puede percibir en las actitudes, conducta o el comportamiento de los hijos. Un padre y su hijo pueden tener una manera idéntica de caminar. La voz de una hija puede parecerse tanto a la voz de su madre que sería difícil distinguirlas. Unos heredan los rasgos del otro. ¿Cree que puede llegar a parecerse al Dios que le creó, que puede tener parte de la naturaleza divina?

Dios expresa lo que quiere hacer en nosotros en las "preciosas y magníficas" promesas que se encuentran en su Palabra. Si aceptamos y en fe vivimos estas bendiciones, experimentaremos la increíble bendición, que Pedro describe como "tener parte en la naturaleza divina". ¿Qué quiere decir esto?

La santidad sólo existe en Dios. No se puede encontrar en ningún otro lugar, excepto en aquellos a quienes Él la imparte. No hay otra fuente. Santidad es la mejor palabra para describir la naturaleza de Dios. ¿Cómo es posible que yo pueda participar de su naturaleza? Bueno, ¡Es un milagro! Dios literalmente toma la esencia de su naturaleza y la coloca en nuestro corazón. Puede decirse que poseemos la misma naturaleza. No cabe dudas que se trata de un milagro transformador que una naturaleza pecaminosa llegue a ser santa.

Pedro continúa diciendo que por medio de este acto de Dios nosotros podemos "escapar de la corrupción que hay en el mundo". La naturaleza divina es pura. La corrupción no la puede afectar y permanece sin ninguna contaminación de cualquier clase de impureza. Por esta razón, antes de que la naturaleza divina sea impartida, se debe limpiar todo lo impuro. Así es como escapamos de la corrupción de este mundo.

Participar en la naturaleza divina implica tener la mente de Cristo: Pensar como Él piensa, ver por sus ojos, sentir compasión como Él, amar como Él ama y ser motivado por lo mismo que lo motivan a Él. Participar de su naturaleza divina implica que otros deben ver a Jesús en nosotros. A medida que Dios nos da parte de su naturaleza, seremos más semejantes a Él.

Pregunta para reflexionar: ¿De qué manera se asemeja usted a su Padre celestial?

89
Haga todo el esfuerzo posible

"Por eso, queridos hermanos, mientras esperan estos acontecimientos, esfuércense para que Dios los halle sin mancha y sin defecto, y en paz con él" (2 Pedro 3:14).

A veces nos enteramos de algún conocido que desea regalar algo porque ya no lo usa, o porque se muda o no dispone de más lugar en su casa. Basta con poner un simple cartel que diga "Gratis" al lado de alguna cortadora de césped, una bicicleta de segunda mano o una máquina de coser usada. Cualquier persona puede obtenerlas. Pero no todos lo intentan. Sólo una persona hace el esfuerzo, se detiene y recoge el pequeño tesoro.

De la misma manera ya están disponibles las provisiones para nuestra salvación completa. ¡Están disponibles ahora! Dios tomó la iniciativa y completó las provisiones para su plan. En este punto no hay nada que haga falta añadir. Sin embargo, esto no implica que el plan funcionará automáticamente. Es necesaria la cooperación del ser humano con Dios para que sea efectivo.

La frase operativa en este texto es "esfuércense". Claro, entendemos que la salvación proviene por fe. No hay nada que podamos hacer para merecerla, pero eso no quiere decir que no se requiere esfuerzo humano.

Es necesario algo de esfuerzo para buscar la santidad. Requiere paciencia y persistencia. Requiere resistir la tentación, vigilancia y firmeza. La obediencia no será siempre fácil (trate de imaginar cómo se sintió Abraham cuando Dios le pidió que sacrifique a su hijo Isaac). Completar el llamado de Dios puede implicar sacrificio. Dios nunca dijo que la vida cristiana sería un camino de rosas. En ocasiones requerirá esfuerzo.

La parte positiva es que los recursos para el éxito están siempre disponibles. La promesa es que Dios nunca dejará que seamos tentados más de lo que podemos resistir. Dios nunca nos pedirá algo imposible. Él siempre nos dará fuerzas para alcanzar lo que nos pide que hagamos. Pablo testifica, "Todo lo puedo en Cristo que me fortalece" (Filipenses 4:13).

Si hacemos nuestra parte, Dios siempre hará su parte. Él nos dará sabiduría cuando se la pidamos. Nuestra victoria sobre el pecado está asegurada.

Puesto que miramos con anticipación todo lo hermoso que Dios quiere hacer por nosotros, estemos seguros que vale la pena "hacer todo esfuerzo" para mantenernos "sin mancha y sin defecto, y en paz con él".

Pregunta para reflexionar: ¿Cuál es la parte que usted debe realizar para asegurarse alcanzar la santidad? ¿Está usted haciéndola?

90
Limpieza por medio de la sangre

"Pero si vivimos en la luz, así como él está en la luz, tenemos comunión unos con otros, y la sangre de su Hijo Jesucristo nos limpia de todo pecado" (1 Juan 1:7).

Dicen que el aceite y el vinagre no se mezclan. Sin embargo, esto no es cierto. Ambos se pueden mezclar por un poco de tiempo. Juntos, forman un buen aderezo para las ensaladas. Luz y oscuridad, por otro lado, no pueden coincidir. La ausencia de luz, por definición, origina la oscuridad. Ambos se oponen totalmente.

En la Biblia la luz representa justicia y la oscuridad simboliza maldad. "Dios es luz y en él no hay ninguna oscuridad" (v. 5*b*). Si queremos tener comunión con Dios, debemos caminar en la luz, porque Él está ahí. Si Dios es luz y caminamos en la luz, significa que estamos en armonía con Él.

Luz y oscuridad son incompatibles. Cuando la luz aparece, la oscuridad desaparece. El versículo anterior dice que si decimos tener comunión con Dios y caminamos en oscuridad, mentimos.

La pureza de corazón es inseparable de la comunión con Dios. Él no puede tener comunión con la oscuridad. Pero mientras caminamos en comunión con Dios, la sangre de Cristo nos purifica de todo pecado. (Note que la palabra "todo" indica por completo, profunda obra de limpieza). Este es un gran beneficio y bendición, que se pagó a favor nuestro mediante la sangre de Jesús. Caminar en la luz, tener comunión con Dios y ser purificado de todo pecado deben ser las metas principales de todo cristiano. Estos son los beneficios que Dios proveyó para nosotros con un costo enorme. No debemos tomárnoslo a la ligera. Recibirlos y manifestarlos en nuestra vida debe ser nuestra más alta prioridad como creyentes.

Qué triste es ver vivir a la gente por debajo del pleno potencial que Cristo proveyó al pagar con su sangre. El plan de salvación de Dios es completo, pleno y glorioso. Suple cada necesidad humana. Todo este plan procura brindarnos comunión con Dios. Él quiere remover todas las barreras y llevarnos a disfrutar la plenitud de su presencia.

Caminar en la luz (obediencia) es la clave para la comunión. Si tenemos el hábito de obedecer a Dios, inevitablemente llegaremos a la pureza de corazón. Esto es porque Dios quiere que tengamos corazones puros y Él nos guiará si seguimos su dirección.

La única manera de perder la santidad de corazón es no buscándola deliberadamente. "Buscad y hallaréis" se aplica a la santidad. Si usted la desea con toda su fuerza, experimentará la santidad de corazón.

Pregunta para reflexionar: ¿Está andando cada paso de su vida en la luz de Dios?

91
Perdón y purificación

"Si confesamos nuestros pecados, Dios, que es fiel y justo, nos los perdonará y nos limpiará de toda maldad" (1 Juan 1:9).

Tal vez oyó el anuncio de un famoso detergente para lavaplatos que realiza una doble acción –limpia y da brillo. Este producto, dicen los fabricantes, no sólo remueva la suciedad sino que también deja los colores más brillantes y firmes que antes. Desarrolla dos acciones en una. Así es la gracia de Dios. Nos perdona y nos limpia de pecado.

El pecado es un problema de doble cara: (1) El pecado como un acto de desobediencia a Dios. (2) El pecado como un principio o naturaleza innata. Un problema de dos caras requiere una doble solución. La primera parte del problema requiere perdón.

La segunda parte requiere limpieza. Es interesante como, cuando hablamos de la completa salvación, se mencionan ambos atributos juntos.

En el texto clásico de 1 Juan 1:9, habla del perdón de pecados y de la purificación de injusticias. En Santiago 4:8, se ordena a los pecadores a lavar sus manos y a los de doble ánimo a purificar sus corazones.

En el día de Pentecostés, aquellos que fueron tocados por el mensaje de Pedro le preguntaron qué debían hacer. La respuesta fue, "Arrepiéntase y bautícese cada uno de ustedes en el nombre de Jesucristo para perdón de sus pecados —les contestó Pedro—, y recibirán el don del Espíritu Santo" (Hechos 2:38).

Hay otros ejemplos en himnos cristianos clásicos: "Hay poder en Jesús", cantado por una gran parte de la iglesia evangélica:

> *"¿Quieres ser salvo de toda maldad?*
>
> *Tan sólo hay poder en Jesús.*
>
> *¿Quieres vivir y gozar santidad?*
>
> *Tan sólo hay poder en Jesús".*

"La cruz de Jesús", quizá uno de los himnos más conocidos, dice en la tercera estrofa:

> *"En la cruz de Jesús do su sangre vertió,*
>
> *Hermosura contemplo sin par;*
>
> *Pues en ella triunfante a la muerte venció,*
>
> *Y mi ser puede santificar".*

Hay muchos más. Estos himnos nos llevan a pensar si aquellos que los cantaban comprendieron que cantaban teología wesleyana.

Pregunta para reflexionar: ¿Posee la limpieza de la naturaleza carnal, o sólo el perdón de sus pecados?

92
Pureza como la de Cristo

"Queridos hermanos, ahora somos hijos de Dios, pero todavía no se ha manifestado lo que habremos de ser. Sabemos, sin embargo, que cuando Cristo venga seremos semejantes a él, porque lo veremos tal como él es. Todo el que tiene esta esperanza en Cristo, se purifica a sí mismo, así como él es puro" (1 Juan 3:2-3).

Si usted asistió a alguna reunión de graduados de la escuela secundaria o de la universidad luego de varios años, seguramente se sorprendió al ver cuánto cambiaron algunas personas. Algunos aumentaron de peso, otros están calvos, o más altos, o usan gafas. Luego de 15 ó 20 años, ninguno de nosotros se verá igual.

En términos espirituales, esas ¡son buenas noticias! De hecho estamos cambiando para mejor, pareciéndonos más y más a Cristo. Cuando tenemos nuestra reunión con Él, nos sorprenderemos al ver cuánto hemos cambiado y nos asemejamos a Él.

Todavía hay muchos misterios en relación a nuestra vida futura después de la muerte, pero el apóstol Juan está bastante seguro de algunas cosas. Por ejemplo, cuando lo vemos a Él "seremos semejantes a él". Esta ha sido la búsqueda permanente de muchos cristianos durante toda su vida. Juan testifica que será una realidad cuando veamos a Jesús.

El apóstol continúa diciendo que todo aquel "que tiene esta esperanza en Cristo, se purifica a sí mismo, así como él es puro". ¡Qué declaración más asombrosa! Nuestra pureza será como la de Cristo. ¿Es esto sorprendente? No debería serlo si nos damos cuenta que nuestro parecido con Dios ha sido el objetivo de todo el plan redentor. Nuestra pureza y la pureza de Dios son bastante similares. Esto es lo que hace el plan de Dios tan grande. Porque somos parecidos, Dios puede disfrutar con nosotros y nosotros con Él. Habrá una gran afinidad entre nuestras naturalezas.

Nuestros corazones tendrán suma atracción con el corazón de Dios. Nuestro Padre quiere tener comunión con nosotros porque estamos unidos de corazón y de espíritu. Esta unidad se fundamenta en el hecho de que Dios es santo y, a pesar de que éramos pecadores, hemos sido hechos santos tal como Él es. Este será el tema de nuestra alabanza por la eternidad.

Lo que desde este mundo podemos observar de la vida venidera es, como máximo, como si viéramos por medio de un cristal oscuro, "de manera indirecta y velada" (véase 1 Corintios 13:12). Pero después, cuando se quiten esos cristales oscuros de nuestros ojos, veremos la verdadera realidad y veremos a Dios tal como Él es.

Contemplaremos toda su gloria como nunca antes, la cual nos dará más razones para alabarlo y glorificarlo para siempre. Es bueno saber que no habrá allí apuros. Toda la eternidad estará por delante, la que nos permitirá expresar adecuadamente nuestra alabanza por las maravillas de la salvación.

Buscar la pureza es noble, pero elevar esa aspiración a desear ser puro tal como Él es le añade a nuestra vida una dimensión especial.

Pregunta para reflexionar: ¿De qué manera está siendo transformado para ser más como Cristo?

93
La destrucción de las obras del diablo

El que practica el pecado es del diablo; porque el diablo peca desde el principio. Para esto apareció el Hijo de Dios, para deshacer las obras del diablo (1 Juan 3:8).

Cuando los ejércitos aliados desembarcaron con éxito en Normandía el 6 de junio de 1944, se podría decir que la Segunda Guerra Mundial había terminado. A partir de ese momento, no hubo manera para las Fuerzas del Eje de enfrentar a las fuerzas superiores del ejército aliado. Por supuesto, mucho trabajo duro quedaba por hacer, porque la victoria final no llegó hasta casi un año después, el 7 de mayo de 1945.

Jesús declaró que la razón de su venida fue para destruir las obras del diablo y esta victoria ha sido finalmente asegurada a pesar del hecho que seguimos enfrentando el pecado. El enemigo había sembrado con éxito la maldición del pecado sobre la raza humana. Había separado la raza humana de Dios, dejado al mundo bajo el dominio del mal, y hecho un desastre generalizado. Sin embargo, Dios tenía un plan de redención que incluía enviar a su Hijo para "deshacer las obras del diablo".

Las obras del adversario empezaron en el huerto del Edén, donde sembró rebelión en contra de Dios en los corazones de Adán y Eva, lo que causó la expulsión de ellos de aquel lugar.

El diablo es responsable por todas las consecuencias del pecado original que incluye la naturaleza pecaminosa con la cual nace todo ser humano.

Las obras del enemigo incluyen toda la tristeza, enfermedad, violencia y dolor que experimenta hoy el mundo.

Jesús vino con un plan para revertir toda obra del enemigo, para deshacerla.

La batalla se peleó en la cruz. ¡Por fin el diablo fue derrotado! Cuando Jesús exclamó "¡Consumado es!", se había terminado la batalla. Se había abierto de nuevo la puerta a la victoria plena sobre el pecado en todas sus formas. La liberación de la esclavitud del pecado ahora está disponible. Las obras del diablo han sido destruidas. ¡Aleluya! Es un triunfo glorioso. Jesús ya ha devuelto lo que el adversario nos robó.

Mediante la victoria de Jesús se nos invitó a nosotros a regresar al perdón de nuestros pecados y a la purificación de nuestros corazones. Se removió la barrera que impedía el compañerismo con Dios. Las puertas del cielo se volvieron a abrir.

Pregunta para reflexionar: ¿Está listo para proclamar su victoria en Cristo?

94
Lo que faltará en el cielo

No entrará en ella ninguna cosa inmunda, o que hace abominación y mentira, sino solamente los que están inscritos en el libro de la vida del Cordero (Apocalipsis 21:27).

¿Cómo se imagina usted el cielo? Solemos considerar al cielo como un lugar maravilloso por todo lo que encontraremos allí: puertas de perlas, calles de oro, muro de piedras preciosas, mar de cristal; también por nuestros seres queridos que nos esperan; y por supuesto, Jesús mismo. Sin embargo, la gloria de los cielos brillará también porque algunas cosas faltarán.

El cielo será maravilloso porque ninguna cosa inmunda se dejará entrar allí. Nunca habrá allí nada que pudiera contaminarlo: nada vergonzoso o engañoso. Todos en el cielo tendrán un corazón puro. El amor reinará en supremacía. ¿Puede imaginar lo que será vivir en una sociedad así?

No tendremos más razón para temer al terrorismo; o aprehensión de que nos hurten o asalten. De hecho, no habrá ningún motivo para preocuparse porque algo feo ocurra, ya que el pecado será desterrado para siempre. El plan de Dios habrá llegado a su cumplimiento por medio de un pueblo santo y se hará su perfecta voluntad en todo.

Esta es una esperanza gloriosa y a la vez una amonestación solemne. ¿Tiene planes usted de estar allí? Ciertamente está invitado; sin embargo, hay un precio que pagar: debe estar limpio de todo pecado. No se hará ninguna excepción; no se aceptará ninguna excusa. Si Dios permitiera que un solo corazón pecaminoso entrara al cielo, dejaría de ser el cielo.

Se destinaron amplias provisiones y se otorgó un tiempo amplio para que usted esté listo. Si no lo alcanza, la responsabilidad será únicamente suya. "Bienaventurados los de limpio corazón, porque ellos verán a Dios" (Mateo 5:8). Ningún otro arreglo tiene lugar.

Si pierde usted el cielo, habrá perdido el propósito de su vida entera y eternamente se arrepentirá de la razón, cualquiera que sea, que le causó perderlo. Es una decisión demasiado importante para demorar o ignorar enfrentar.

Pregunta para reflexionar: ¿Qué cosas en su vida podrían causarle perder la bendición del cielo?

95
La eternidad: Una continuación de la vida

El que es injusto, sea injusto todavía; y el que es inmundo, sea inmundo todavía; y el que es justo, practique la justicia todavía; y el que es santo, santifíquese todavía (Apocalipsis 22:11).

¿Cómo reacciona usted cuando ve las luces resplandecientes de un patrullero de policía reflejadas en el espejo retrovisor de su automóvil? La mayoría de las personas, aunque no estuvieran cometiendo ninguna infracción, sienten un poco de tensión. "¡Ay no!", "¿Me estará siguiendo?" De igual manera, algunos cristianos sienten tensión acerca de la venida del día del juicio, aunque hayan sido perdonados y limpios del pecado. Pero lejos de crear tensión, esto debería traer alivio para aquellos que están en Cristo. El gran día del juicio no representará ningún cambio significativo en nosotros; será más un reconocimiento del logro moral que hemos alcanzado en la tierra y la continuación de ello.

Aquellos que han hecho lo malo irán al infierno, donde continuarán con su maldad. (No hay reglas en contra de ello en el infierno.) Si esta ha sido su decisión en la vida, continuará siendo su elección después de la vida también.

Aquellos que son pecadores en la vida, continuarán su estilo de vida preferido en el más allá también. Si usted se ha identificado a sí mismo con los valores del mundo y la gente del mundo, Dios entenderá que esos son los valores y la gente con la que usted desea pasar la eternidad.

El mismo principio se aplica a la gente justa y santa. Aquellos que han alcanzado la santidad de corazón y vida en este mundo, simplemente continuarán en el mismo estilo de vida después del juicio.

Lo interesante es que las mismas decisiones que nos preparan para vivir bien en este mundo, también nos preparan para el mundo venidero. La gracia santificadora es la que nos hace victoriosos en esta vida; y es la misma gracia que nos hace victoriosos en la vida venidera.

De hecho, Dios le dice que haga su propia decisión. Pero, recuerde que es una doble elección. Esto le afectará a lo largo de su vida, pero también se extenderá a través de la eternidad. Si usted es santo, cuando Dios le llame a su presencia, continuará siendo santo. Si no es santo en aquel momento, no habrá más esperanza. El tiempo de tomar decisiones habrá terminado. La santidad en esta vida nos guía hacia la santidad en el cielo. No hay manera de acortar el camino.

Pregunta para reflexionar: ¿Está usted en verdad anticipando la eternidad?

Epílogo

Santidad es más que una doctrina para creer, es una experiencia para vivirla. Ahora que usted ha visto la verdad bíblica, que es la voluntad de Dios para nosotros que seamos santificados, esperamos y oramos fervientemente para que esta experiencia se haga realidad en su vida. Así como es importante entender esta doctrina, es más importante buscarla y tenerla como una experiencia personal. Si usted cree que ya la ha experimentado antes de leer este libro, esperamos que haya logrado un entendimiento más profundo de lo que en realidad le sucedió.

Si por otro lado, este libro le ha motivado a una nueva visión de lo que la gracia de Dios puede cumplir en su vida, no se detenga allí. ¡Busque la santidad con todo su corazón! No importa cuál sea el costo, o cuán largo sea el camino, tenga hambre y sed de ello hasta que la llenura del Espíritu llegue a ser una poderosa realidad en su corazón. Nunca acepte menos de lo mejor que Dios le ofrece.

Oh Dios, por favor, trabaja en el corazón de cada lector guiándolos a un completo rendimiento a ti y a la bendición de tener un corazón puro y santo por el obrar de tu Espíritu. Amén.

Kent Brower, "Holiness in Romans 3" [*Santidad en Romanos 3*], Accesible en: http://holiness.nazarene.ac.uk/articles.php?n=22
Rob Staples: http://wesley.nnu.edu/wesleyan_theology
El bosquejo de estos primeros cinco puntos se tomaron de *Cinco elementos cardinales en la doctrina de la entera santificación*, por Stephen S. White, Beacon Hill Press.

www.ingramcontent.com/pod-product-compliance
Lightning Source LLC
Chambersburg PA
CBHW071308060426
42444CB00034B/1575